36계가 알려준 기만술

트로이 목마

오홍국

도서출판 시간의물레

Contents

프롤로그 (4p)

제1부 적보다 우세할 때 승전계

1. 만천과해와 위장　　10p
2. 위위구조와 꾀어 냄　15p
3. 차도살인과 모략　　20p
4. 이일대로와 협상　　24p
5. 진화타겁과 화공　　29p
6. 성동격서와 기만　　34p

제2부 적과 비슷할 때 적전계

7. 무중생유와 게릴라전　40p
8. 암도진창과 기습　　45p
9. 격안관화와 기회　　49p
10. 소리장도와 위장평화　54p
11. 이도대강과 희생　　58p
12. 순수견양과 허점　　63p

제3부 적을 끌어낼 때 공전계

13. 타초경사와 억지전략　70p
14. 차시환혼과 실리　　75p
15. 조호이산과 세력약화　79p
16. 욕금고종과 국익　　84p
17. 포전인옥과 유인　　88p
18. 금적금왕과 중심　　93p

제4부 적과 비슷하거나 불리할 때 혼전계

- 19. 부저추신과 사기 저하   100p
- 20. 혼수모어와 혼란   104p
- 21. 관문착적과 차단   109p
- 22. 금선탈각과 속임수   113p
- 23. 원교근공과 외교전   118p
- 24. 가도벌괵과 흑심   123p

제5부 적과 비슷해 변화를 줄 때 병전계

- 25. 투량환주와 주도권 쟁취   130p
- 26. 지상매괴와 간접경고   135p
- 27. 가치부전과 눈속임   140p
- 28. 상옥추제와 배수진   144p
- 29. 수상개화와 과장   149p
- 30. 반객위주와 주도권 장악   153p

제6부 패배 직전에 유리한 조건을 만들 때 패전계

- 31. 미인계와 유혹   160p
- 32. 공성계와 심리전   165p
- 33. 반간계와 이간질   169p
- 34. 고육계와 눈가림   174p
- 35. 연환계와 요란   179p
- 36. 주위상과 반전   183p

부록   - 16자 · 25자 병법과 이일대로 (188p)

         - 백자 전술과 36계 전술 레고 (193p)

프롤로그

인생 지혜 고스란히 담은 '필승 전술' 압축판
1부 승전계에서 6부 패전계까지 총 6부로 구성
각 부는 6개 전술 제시해 36계 완성

기원전 1250년경 그리스는 트로이와 10년 전쟁을 트로이 목마로 승리했다. 역사상 최초의 기만술로 이겼다. 처음에 그리스군 아킬레우스는 트로이군 헥토르에게 수세에 몰렸다. 그리스군은 거대한 목마를 남기고 철수하는 기만전술을 폈다. 여기에 속아 넘어간 트로이군은 목마를 성안으로 들여놓고 승리의 기쁨에 빠졌다. 새벽이 되어 목마 안에 숨어 있던 오디세우스 등이 빠져나와 성문을 열어 주었고 그리스군이 쳐들어와 트로이성을 함락했다.

기원전 8세기, 중국 대륙도 군웅들이 혼란과 분열의 춘추전국 시대에 접어들었다. 전장에서 수많은 전투를 통해 전술의 지혜가 모아졌다. 그중에서 36계가 기만술의 으뜸이다. 사자성어로 구성된 처음 두 단어는 상대 눈을 가리는 기만이며 나머지 두 단어가 노림수다. 따라서 본서의 제목을 동서양 기만술을 아우르는 『트로이 목마 36』으로 했다.

36계는 동양의 간접접근전략

  36계는 전쟁상황에 따라 승전계로부터 패전계까지 크게 6부로 나누어져 있고, 각 부는 6개 전술을 제시하고 있다. 1부 승전계(勝戰計)는 아군이 충분히 승리할 수 있는 형세에 있을 때 적을 압도해 상황을 유리하게 전개하는 전술이다. 만천과해(瞞天過海)부터 성동격서(聲東擊西)까지 주로 기만과 지연전을 다루고 있다.
  2부 적전계(敵戰計)는 아군과 적군의 세력이 비슷해 서로 대치한 상황에서 적군을 기묘한 계략으로 미혹해 승리로 이끄는 전술이다. 무중생유(無中生有)로부터 순수견양(順手牽羊)까지 주로 교란전을 이야기하고 있다.
  3부 공전계(功戰計)는 자신을 알고 상대방을 파악해 계책을 모의하고 적을 공격하면 백전백승한다고 말한다. 타초경사(打草驚蛇)로부터 금적금왕(擒賊擒王)까지 적을 유인해 공격하는 전술을 다루고 있다.
  4부 혼전계(混戰計)는 혼전 중에 승리를 쟁취하기 위해 칼을 다듬고 날을 세워 사용하는 전술이다. 부저추신(釜低抽薪)부터 가도벌괵까지 연합작전 등을 다루고 있다.
  5부 병전계(竝戰計)는 연합전선을 형성하고 있을 때 상황의 변화에 따라 병력을 운용하는 전술이다. 투량환주(偸梁換柱)부터 반객위주(反客爲主)까지 교란과 첩보전을 말한다. 6부 패전계(敗戰計)는 패배 직전까지 몰린 전투에서 기사회생해 승리를 이끌어내는 전술이다. 미인계(美人計)부터 주위상계(走爲上計)까지 다양한 전술을 다루고 있다.

36계 구성도

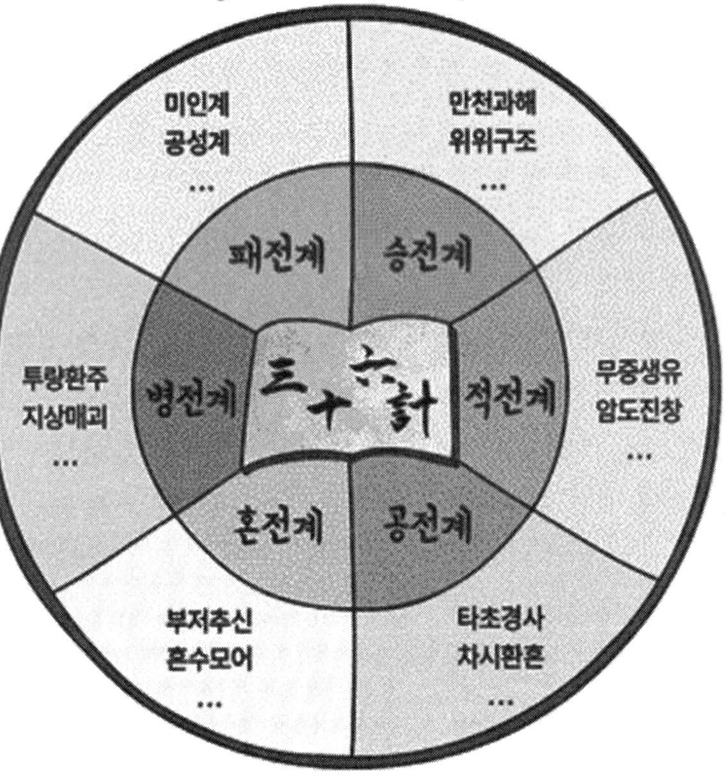

```
        미인계              만천과해
        공성계              위위구조
         …                   …

              패전계    승전계

  투량환주                           무중생유
  지상매괴  병전계  三十六計  적전계  암도진창
    …                                 …

              혼전계    공전계

        부저추신             타초경사
        혼수모어             차시환혼
         …                   …
```

36계는 6부 36계책을 서로 연결해 놓았으며
전장상황에 따라 여러 계를 함께 적용해야 효과가 있다

전쟁에서 활용된 36계
히틀러, 남의 손 빌린 '차도살인' 계책으로
명망 있는 소련군 장군 '투하쳅스키' 제거

36계로 본 전쟁사례

　36계를 자세히 들여다보면 음양 조화를 이룬다. 각 전술 홀수는 양(陽)으로 나의 전투력이 적에 비해 상대적으로 우세한 경우다. 짝수는 음(陰)으로 불리한 상황에서 주도권을 잃지 않으려는 노력이다. 전략론이 서양의 간접접근전략이라면 36계는 동양의 간접접근전략이라고 평가할 수 있다.
　승전계 3계 차도살인은 남의 칼을 빌려(借刀) 적을 제거(殺人)하는 것으로, 남의 손을 통해 내가 목적한 상대방을 없애는 전술이다. 1936년 겨울 히틀러는 정보부의 하이드리히로부터 러시아 투하쳅스키가 쿠테타를 일으킬 가능성이 있다는 보고를 받았다. 히틀러는 '차도살인'으로 투하쳅스키 제거를 위해 이 정보를 러시아 정부에 흘려보냈다. 나중에 유럽 침공 때 독일 배후인 소련으로부터 신뢰를 얻기 위함이었다. 결국, 소련군은 투하쳅스키라는 명망 있는 장군을 잃었고 히틀러의 침공을 받게 됐다.
　적전계 8계 암도진창은 아무도 모르게 건너가(暗渡) 적 진지나 보급소(陳倉)를 공격한다는 뜻이다. 1944년 노르망디 상륙작전은 연합군이 칼레로 상륙하는 것처럼 위장한 후 노르망디로 상륙한 암도진창이었다. 연합군은 칼레 맞은편 영국 해안에 미 1사단 사령부를 속임수로 세운 뒤 허위 무전을 통해 독일군을 속였다.

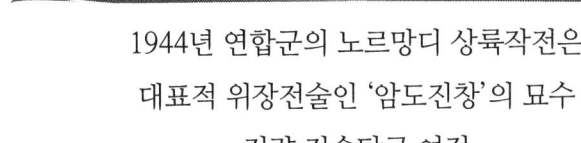

1944년 연합군의 노르망디 상륙작전은
대표적 위장전술인 '암도진창'의 묘수
전략·전술탐구 여정

　첨단무기와 장비로 싸우는 현대전에서 36계가 왜 필요한지 의문을 갖는 독자들도 있을 것이다. 그러나 장차전에서 인공지능(AI) 로봇이 군인을 대신하더라도 결국은 인간의 지혜에 따라 움직인다. 미군은 1973년 베트남전 패배 이후 전쟁론이나 손자병법을 필수과목으로 했고, 36계는 'Hide a Dagger Behind a Smile(미소 뒤 감춘 단검)'로 번역돼 보조교재로 활용하고 있다. 구글이나 스타벅스 등 세계적 기업 경영전략을 36계에 묶어 설명하면서 전쟁 사례를 들고 있다.
　우리는 이처럼 다양한 시각에서 전략·전술서를 연구하는 게 부족한 게 현실이다. 이번 36계 전략탐구 여정은 많은 전쟁사례를 통해 더 나은 전략적 식견을 갖추고, 당대(唐代) 시인 두보의 시(詩)를 접하면서 문학적 소양도 넓혀나가는 역할을 할 것이다.

제1부

적보다 우세할 때

승전계

만천과해와 위장	이일대로와 협상
위위구조와 꾀어 냄	진화타겁과 화공
차도살인과 모략	성동격서와 기만

제1부

적보다 우세할 때 **승전계**

1. 만천과해와 위장

> 瞞 · 가릴 만 天 · 하늘 천 過 · 지날 과 海 · 바다 해
> - 그럴듯하게 속여 강과 바다를 건너다 -
>
> 자신을 숨기고 상대를 방심케 하여 약점을 만든다

소한이 지나면 추위가 더 매서워진다. 나무들은 생존을 위해 가을에 잎을 떨어뜨리고 앙상한 가지만 남겨 겨울을 지낸다. 국가 존망이 걸려 있는 전쟁에서 이기는 첫걸음은 적을 속이는 데 있다. 36계의 첫 사자성어가 만천과해(瞞天過海)인 까닭이다.

당 태종은 설인귀의 계책에 따라 요하를 건넜으나 고구려 정벌에는 실패했다

강점을 피하고 약점을 노려라

36계 제1부 승전계(勝戰計)는 아군이 충분히 승리할 수 있는 형세에 있을 때 직을 입도해 상황을 유리하게 전개하는 선술이다. 1계 만천과해(瞞天過海)부터 위위구조(圍魏救趙) 등을 거쳐 6계 성동격서(聲東擊西)로 이어진다. 강유(剛柔)·기정(奇正)·노일(勞逸)·허실(虛實)이 핵심이다.

승리하기 위해서는 상대의 실(實)을 피하고 허(虛)를 이용해야 한다. 이를 위해 나를 믿게 해 상대방의 허점을 노리는 속임수가 필요하다. 1계 만천과해는 '하늘을 가리고 바다를 건너다'라는 뜻이다. 이 성어는 '영락대전'의 '설인귀정요사략'에서 나온 것으로 645년 당태종이 고구려 침략 시 요하를 건널 때의 고사에서 유래됐다. 만(瞞)은 가득 차거나 가린다는 뜻으로서 다른 사람에게 실체를 숨기고 속이는 것이다. 천(天)은 황제나 임금을 뜻한다. 과해(過海)는 바다를 건너거나 지나는 것이다. 만천과해를 줄여 만과(瞞過·속여서 넘김)라고도 한다. 상대방을 태만에 빠지게 하고 다른 쪽으로는 의심을 가지지 않도록 하여 상대 약점을 만들어 낸다.

경영과 군사전략 참고서인 'Hide a Dagger Behind a Smile(칼을 품은 미소)'에서 만천과해는 6세기 말, 수(隨) 문제(文帝)가 양쯔강 아래 진(陳)나라 공격 시 여러 차례 기만작전으로 진나라군을 방심시킨 후 승리한 사례를 들고 있다. 이러한 기만술은 손빈의 생존과 동물의 위장에서 엿볼 수 있다.

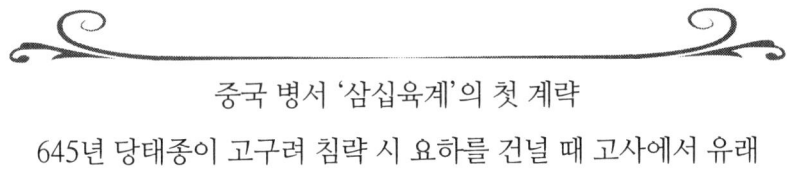

중국 병서 '삼십육계'의 첫 계략
645년 당태종이 고구려 침략 시 요하를 건널 때 고사에서 유래

손빈과 동물의 위장

전국시대(기원전 475~221) 제(齊)나라 군사전략가 손빈은 만천과해로 빛을 발할 수 있었다. 어려서 손빈과 함께 병법을 배웠던 방연(龐涓)이 이웃 위(魏)나라 장수가 됐다. 방연은 자신

이 손빈보다 능력이 부족함을 알고 늘 불안했다. 그는 손빈을 위나라로 불러내 제거할 음모를 꾸몄다. 방연은 손빈이 제나라와 내통해 위나라를 위협했다는 누명을 씌우고 무릎 아래를 잘라내 앉은뱅이로 만들었다. 당시 제나라와 위나라는 황하 유역의 패권을 겨룬 적국이었다.

방연은 시자로 하여금 손빈을 감시하도록 했다. 손빈은 돼지 우리에서 오물을 먹는 등 미치광이 행세로 방연을 속였다. 시자는 손빈의 처지를 안타깝게 여겨 위나라를 탈출하도록 했다. 마침내 제나라로 탈출한 손빈은 손무(孫武)의 군사사상을 계승해 군사전략을 발전시킬 수 있었다.

인간뿐만 아니라 동물들도 보호색으로 위장해 오랜 세월 동안 생존을 유지해왔다. 여러 동물 중 변신의 귀재는 카멜레온이다. 카멜레온은 '땅 위의 사자'라는 뜻을 가지고 있으며, 주위 색에 따라 몸 색상을 바꾼다. 동물들은 흔히 카멜레온처럼 다른 동물의 공격을 피하고 자신을 보호하려고 주변 환경과 비슷한 색이나 모양으로 비꾼다. 송충이나 메뚜기는 녹색으로 푸른 잎 사이에서 눈에 잘 띄지 않는다. 들꿩은 계절에 따라 털 색깔을 바꾼다. 여름에는 다갈색, 겨울에는 흰색이 된다. 동물의 위장 지혜는 군인들의 위장복으로 진화했다.

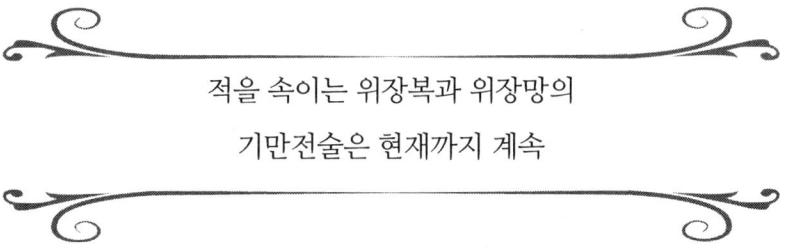

적을 속이는 위장복과 위장망의
기만전술은 현재까지 계속

기만과 위장전술 변화

19세기 이전까지 군인들은 적에게 위압감을 주려고 눈에 잘 띄는 화려한 색상의 군복을 착용했다. 그런데 무기 성능이 급격히 발달하면서 자신을 감추기 위해 위장복을 입게 됐다. 제2차 세계대전 중 소련군은 곤충의 위장술을 이용해 폭격당할 위기를 넘겼다. 1941년 8월, 독일군은 레닌그라드를 겹겹이 포위해 지상전을 펼쳤다. 소련군은 어떻게 시설을 위장해 독일 공군의 폭격을 피할 수 있을지 고민에 빠졌다. 이때 한 장군이 나비의 보호색과 위장술을 연구하는 곤충학자 보리스 시반비츠를 추천했다.[1]

시반비츠는 나비 날개 무늬와 색상을 본뜬 위장망 디자인을 제안했다. 즉시 소련군은 나비 보호색 위장망으로 군사 시설물들을 덮었다. 소련군 기지를 공격하려던 독일 폭격기 조종사들은 목표를 찾을 수 없었다. 결국, 독일군 공격은 실패했고 소련군은 반격에 나섰다. 그 후 적을 속이는 위장복과 위장망의 만천과해는 계속됐다.

---

1) 위빙정 글, 정주은 옮김, 『전쟁이야기 속에 숨은 과학을 찾아라』(서울: 21세기 북스, 2014), pp. 135-139. 자신을 보호 목적으로 상대방에게 위협을 주기 위해 색깔을 더욱 진하게 하기도 한다. 화려한 색깔의 독사나 전갈 및 거미 등이다. 나비 중에는 공격을 받으면 날개에 줄 모양의 무늬가 생기는 나비도 있다. 색깔뿐만 아니라 모양까지도 바꾸어 주변 물체나 다른 동물처럼 위장을 한다. 나뭇잎나비는 나무에 앉으면 마치 나뭇잎처럼 보여서 쉽게 구분이 어렵다. 대벌레는 언뜻 보면 나뭇가지처럼 생겼다.

2. 위위구조와 꾀어 냄

圍·둘러쌀 위 魏·위나라 위 救·구할 구 趙·조나라 조
- 위나라를 포위해 조나라를 구하다 -

강적과의 전투, 정면대결보다 '약점'을 노려라

2017년 1월 20일 출범한 트럼프 정부의 국방장관 제임스 매티스는 걸프전 당시 7해병여단 1대대장으로 참전했다. 그는 손자병법과 삼심육계까지 달달 외워 마음껏 인용한다고 한다. 걸프전도 위위구조(圍魏救趙) 전략을 적용했다.

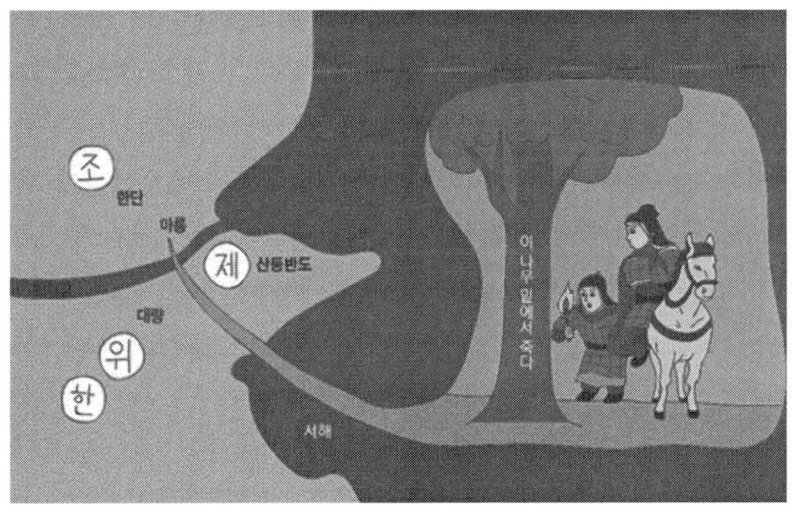

방연은 무모한 정면공격을 하다가 손빈의 유인책에 넘어가 패전했다

계릉 거미줄에 걸려든 위나라

승전계 2계 위위구조는 '위나라를 포위해 조나라를 구하다'라는 뜻이다. '圍'는 수단이며 '救'는 목적이다. 기원전 4세기 중국은 춘추시대(BC 770~476)에 이어 전국시대(BC 475~221)로 한·조·위·제·초·연 사이에 전쟁이 끊이지 않았다. 여러 나라가 황하 유역을 벗어나 중원의 넓은 영토로 뻗어 나가는 시대였다. 위는 황하 이남(수도는 대량, 오늘날 허난성 카이펑·開封), 조는 황하 북쪽(수도는 오늘날 허베이성 한단·邯鄲), 제는 산둥반도 일대(수도는 오늘날 산둥성 쯔보·淄博)에 위치했다. 기원전 353년 위나라가 조나라를 치니 조나라는 제나라에 원조를 요청했다. 조나라 수도 한단은 여러 나라 상인들의 왕래가 잦았고 무슨 물건이든 자유롭게 거래하던 가장 큰 상업도시였다.

제나라는 조나라에 직접 군사를 보내지 않았다. 오히려 위나라 수도 대량을 공격해 계릉(桂陵)전투에서 승리하자 위나라는 조나라에서 철수했다. 제나라군이 대량을 공격한 책략은 조공으로 적을 유인해 위군 주력을 계릉에서 섬멸할 의도였다. 『Hide a Dagger Behind a Smile』에서는 위위구조가 아니라 위위구한의 사례를 들었다.

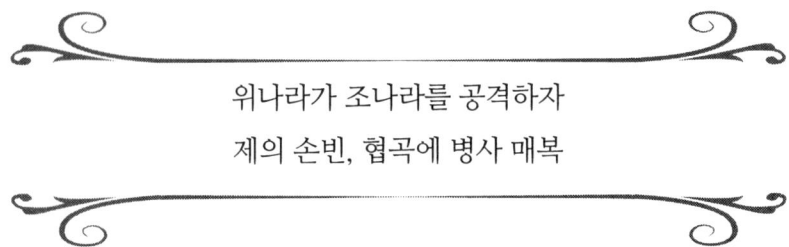

위나라가 조나라를 공격하자
제의 손빈, 협곡에 병사 매복

위위구한(圍魏救韓): 유인격멸 마릉전투

계릉전투 12년 뒤(기원전 341년) 위나라와 조나라가 한나라로 쳐들어갔다. 한나라는 급한 사정을 제나라에 알렸고 제나라는 전기를 장수로 삼아 위나라 수도 대량을 향했다. 전기의 군사자문관 손빈은 손자병법 시계편의 '용병은 기만술(詭道·궤도)이며, 할 수 있지만 할 수 없는 것처럼 보이게 해야 한다(能而示之不能 用而示之不用)'와 병세편 '적을 움직이게 하여 기다리기만 하면 된다(以利動之 以卒待之)'는 전술을 적용했다.

위나라 방연은 제나라군을 밤낮없이 추격했다. 손빈은 마릉협곡 입구에 1만 명을 매복시켰다. 마릉은 조나라와 위나라 중간지점에 있는 곳으로 진입은 용이하나 진출은 어려운 사지(死地)였다. 한 번 걸려들면 살아남기 힘든 지역이었다. 손빈은 큰 나무를 하얗게 깎아 '방연은 이 나무 밑에서 죽는다(龐涓死于此樹之下·방연사요차수지하)'고 적었다.

방연이 밤에 나무 밑에 도착해 이 글을 보려고 부싯돌로 불을 밝히자 제나라 사수들이 일제히 활을 당겼다. 손빈은 마릉에 매복해 있다가, 동문수학한 의형제였으나 중상모략으로 그의 다리를 불구로 만든 철천지원수 방연의 군대를 한 번 싸움으로 섬멸했다. 방연은 자신이 속은 것을 알고 자결했고 손빈의 명성은 천하에 알려졌다.

훗날 역사는 반복됐다. 기원전 231년 진시황이 죽고 초나라 항우와 한나라 유방이 자웅을 겨룰 때였다. 유방의 참모 장량은 개미가 단 것을 좋아하는 습성을 이용해 '항우가 오강에서 스스로 목숨을 끊다(項羽烏江自刎)'라는 글귀를 바위에 만들었다. 전투에서 대패하고 오강을 건너려던 항우 역시 이 글을 보고 자결했다. 위위구조의 유인격멸은 걸프전에서도 재현됐다.

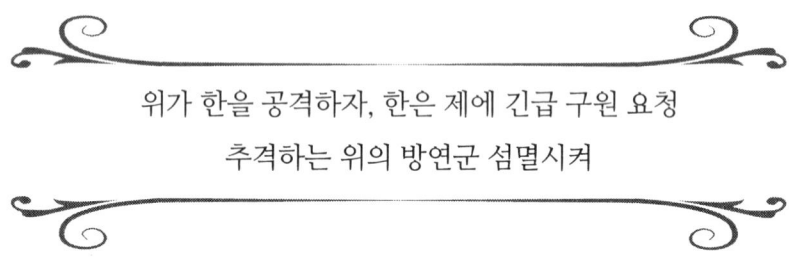

위가 한을 공격하자, 한은 제에 긴급 구원 요청
추격하는 위의 방연군 섬멸시켜

걸프전과 매티스

베트남전에서 패배한 미군은 철저하게 패인을 분석했다. 클라우제비츠의 『전쟁론』과 동양 고전인 『손자병법』, 『36계』 등을 필수도서로 선정해 연구했다. 미군은 1991년 걸프전에서 쿠웨이트 수복을 위해 위위구조 전략을 펼쳤다. 다국적군은 방어 준비가 잘된 쿠웨이트 정면을 공격하지 않고 서부 사막지대에서 직접 이라크 남부로 진격했다. 그 후 유프라테스강에 도달한 지점에서 진로를 동쪽으로 바꿔 바스라시를 목표로 삼았다. 그러면서 쿠웨이트를 완전 포위해 이라크 주력을 격멸했다.

걸프전에 참전했던 매티스는 2003년 이라크 전쟁에 해병 제1사단장으로 다시 참전했다. 그는 무려 7,000권을 독파한 독서광으로 세계 전쟁사를 모두 꿰고 있다. 그는 파병 전 부하들에게 도서 목록을 나눠주며 "무기를 잡기 전에 머릿속을 정돈하라"고 했다. 당시 부사단장은 트럼프 정부의 국토안보장관 내정자 존 켈리, 5연대장은 오바마 정부의 합참의장 조셉 던퍼드였다. 전쟁을 아는 강골 무인들이 미국 안팎을 지키고 있다.

3. 차도살인과 모략

借·빌릴 차 刀·칼 도 殺·죽일 살 人·사람 인
- 남의 칼로 적을 없애다 -

내 손엔 피 안 묻히고 남의 손으로 적을 제압하라

제2차 세계대전 초 소련군이 독일군에게 3개월 만에 모스크바를 내준 까닭은 무엇일까? 스탈린이 히틀러의 모략에 속아 군사전략가 투하쳅스키를 스파이 혐의로 처형해 버렸기 때문이다. 이른바 차도살인(借刀殺人)계였다.

진(晉)나라군은 호랑이 가죽으로 진(秦)·채(蔡)나라군을 물리쳤고,
김유신은 소 허리에 매단 북으로 고구려군을 속였다

남의 칼로 적을 없애다

승전계 3계 차도살인은 '남의 칼을 빌려(借刀) 적을 제거(殺人)한다'라는 뜻이다. 借는 사람(人)이 남의 힘이나 돈을 빌리는 것을, 刀는 칼과 함께 병력·장비·물자를 말한다.[2]

殺은 '도구'인 수(殳)와 '지네' 따위 동물을 뜻하는 글자로 '죽이다·없애다'란 뜻으로 쓰인다. 人은 병력과 전투의지다. 남의 손을 통해 내가 목적한 상대방을 없애는 간접접근전술이다.

借刀는 『병경백자(兵經百字)』의 79번째 차(借·이용하기)에서 인용됐다. 여기에 '借法乃巧 蓋艱於力 則借敵之力 難於誅 則借敵之刀(차법내교 개간어력 즉차적지력 난어주 즉차적지도)'가 있다. 대체로 힘에 있어서 곤란함이 있으면 적의 힘을 이용하고, 죽이는 데 어려움이 있으면 적의 병기를 이용하라는 뜻이다. 이 병서는 명말청초 게훤(1613~1695)이 저술했다. 그는 그물을 짜 천하를 가두어 적과 싸워 이기는 모든 전쟁 기술을 100개 글자로 표현했다. 상권 지부(智部)는 모(謀)·계(計) 등 책략을 세우는 28개 방법을, 중권 법부(法部)는 장(將)·연(練) 등 군대 지휘 44개 방법을 서술했다. 하권 연부(衍部)는 차(借)·공(空) 등 병법을 사용하는 28개 술책과 교전방법이다.[3]

『칼을 품은 미소』는 적을 직접 공격하는 것보다 제3자의 역량을 이용하는 것이 자원이 덜 요구되는 효과적 수단이라고 했다. 고대 전쟁에서는 호랑이 가죽이나 소 힘을 빌린 차도살인으로 승리한 사례가 있었다.

---

2) 김종환, 『책략』(서울: 신서원, 2000), pp. 647-648.
3) 게훤 저 · 김명환 역, 『병경백자』(서울: 글항아리, 2014), pp. 188-189.

호랑이 가죽(虎皮)과 소북(牛鼓)을 빌리다

 중국 춘추시대에 오늘날 시안의 진(晉)나라와 양쯔강 상류 초(楚)나라가 패권 장악을 위해 힘겨루기를 했다. 기원전 632년 진(晉)나라 장수 서신은 말머리에 호랑이 가죽을 씌워 초나라를 지원하던 진(秦)과 채(蔡)나라 군을 공격했다. 적은 공포심으로 쉽게 무너졌다. 초나라 연합군의 측면이 무너지자 진(晉)나라 장수 난지는 초나라 주력을 유인하기 위해, 전차에 나뭇가지를 매달고 많은 먼지를 일으키며 후방으로 이동했다. 초나라군이 진(晉)나라군을 추격하자 진(晉)나라 장수 원진이 초나라군 측면을 공격해 크게 승리했다.

 다른 차도살인 사례는 삼국시대에도 있었다. 신라 김유신은 삼국통일전쟁 당시 고구려군을 기만하기 위해 소를 이용했다. 662년 나당연합군이 평양성을 공격하던 중 식량이 부족하자 김유신은 식량을 구해 돌아왔다. 이때 고구려군은 김유신 복귀로를 차단했다. 김유신은 병력이 열세했지만, 고구려군에게 전투력이 강함을 알리려는 기만책을 강구했다. 식량을 운반하던 소 허리에 북을 묶고 꼬리에는 북채를 매달아 소가 움직이면 북소리가 나도록 했다. 그리고 숙영지에 풀과 장작을 쌓아놓고 불을 질러 연기가 가득하게 했다. 고구려군은 신라군의 규모가 큰 것으로 여겨 공격을 주저했다. 김유신은 밤을 틈타 병력을 이끌고 임진강을 무사히 건넜다.

 김유신이 소 허리에 북을 매달아 고구려군을 제압한 지혜는 훗날 삼국통일의 원동력이 됐다. 이처럼 고대 명장들은 호랑이나 소의 힘을 빌려 승리를 얻었으나 스탈린은 오히려 히틀러의 거짓에 속아 유능한 지휘관을 잃고 말았다.

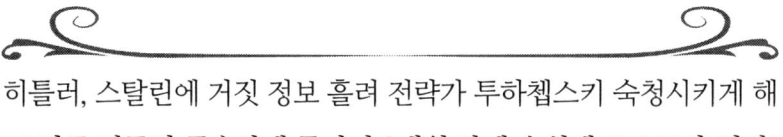

히틀러, 스탈린에 거짓 정보 흘려 전략가 투하쳅스키 숙청시키게 해 소련군 전투력 급속하게 무너져 3개월 만에 손쉽게 모스크바 점령

히틀러, 차도살인으로 적 지휘관 제거

1941년 독소전쟁 개전 초기에 소련군은 독일군에 처절하게 패배했다. 가장 큰 이유는 스탈린이 명망 있는 소련군 고위 장교들을 숙청했기 때문이다. 1936년 겨울 히틀러는 투하쳅스키 원수를 제거할 계획을 세웠다. 장차 서유럽 공격 때 스탈린의 신뢰를 얻어 독일 배후를 편안하게 하고 소련 침공 시 유능한 지휘관을 미리 제거하기 위함이었다.

히틀러는 정보부의 하이드리히에게 투하쳅스키와 그의 동료들이 독일 장교들과 주고받은 편지를 위조하도록 했다. 편지에는 투하쳅스키의 쿠데타 계획이 독일군의 지지를 받고 있으며 독일 지원을 요청한다는 내용이 담겨 있었다. 그리고 이들이 국가 기밀을 독일에 넘기고 그 대가를 받았다는 내용도 포함됐다.

이 거짓 정보는 독일 내 소련 정보원에게 넘겨졌고 스탈린은 이들을 반역죄로 처형해 버렸다. 결국, 소련군의 전투력은 급속하게 약화됐고 독일군 침공에 속수무책으로 무너졌다.

4. 이일대로와 협상

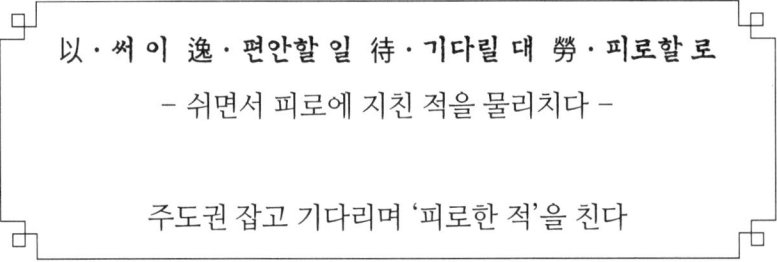

국제사회는 북한 핵 제재의 고삐를 다시 죄고 있다. 중국의 북핵 담당 우다웨이(武大偉) 한반도사무특별대표는 우리 측 대표단에게 북핵 문제를 보는 중국의 입장을 '이일대로(以逸待勞)'라 했다. 이처럼 36계는 국제정치에서도 인용되고 있다.

적을 지치게 만든 다음 공격

승전계 4계 이일대로는 '쉬면서(以逸) 적군이 지칠 때를 기다려서(待勞) 친다'는 뜻이다. 적을 곤경에 빠뜨리고 곤란한 상황으로 몰아넣기 위해서 반드시 먼저 공격할 필요는 없다. 편안하게 휴식을 취해 전력을 비축하고 나서 피로해진 적을 상대하면 된다. 待는 무작정 기다리는 것보다 적극적으로 주도권을 장악한다는 의미다.

이 계는 『손자병법』 군쟁편 '以治待亂 以靜待譁 此治心者也 以近待遠 以佚待勞 以飽待飢 此治力者也(이치대란 이정대화 차치심자야 이근대원 이일대로 이포대기 차치력자야)'에서 유래됐다. '엄정한 다스림으로 혼란스러움을 대하고, 고요함으로 시끄러움을 대하는데 이것은 마음을 다스린다. 가까운 곳에서 먼 곳을 대하고 쉬면서 피곤함을 대하며 배불리 먹고 굶주린 자를 대한다. 이로써 힘을 다스리는 것이다'라는 뜻이다. 佚과 逸은 '편안하다'는 뜻으로 같이 쓰인다.

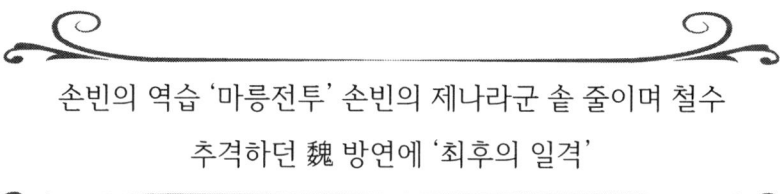

손빈의 역습 '마릉전투' 손빈의 제나라군 솥 줄이며 철수 추격하던 魏 방연에 '최후의 일격'

『칼을 품은 미소』는 기원전 342년 마릉전투에서 손빈이 방연을 유인 격멸한 사례를 든다. 손빈은 철수하는 것처럼 가장해 방연이 제나라군을 가볍게 여기도록 하면서 그를 마릉으로 유인했다. 위나라 방연은 제나라 손빈에게 12년 전 계릉전투에서도 졌었다.

또한, 첫날은 밥 짓는 솥을 10만 개, 둘째 날은 5만 개, 셋째 날은 3만 개로 줄이면서 군사력이 급격히 감소하는 것처럼 보이도록 했다. 방연 군은 밤낮없이 추격하느라 지쳤고, 손빈 군은 마릉계곡에서 매복하면서 충분한 휴식으로 전투력을 보존했다. 결국, 방연은 손빈의 역습으로 최후를 맞았다. 이일대로 전술은 군사뿐만 아니라 국제정치 협상용으로도 사용됐다.

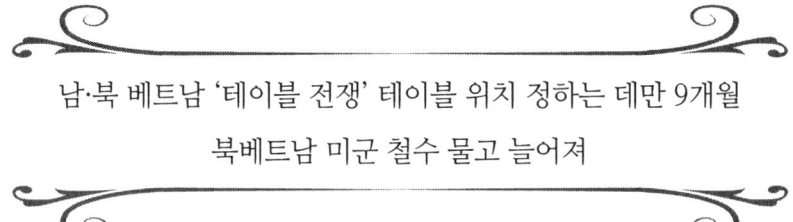

남·북 베트남 '테이블 전쟁' 테이블 위치 정하는 데만 9개월
북베트남 미군 철수 물고 늘어져

베트남전쟁 종식을 위한 평화협상은 미군철수를 노린 테이블전쟁이었다

테이블 전쟁 파리평화협상

 제2차 세계대전 후 분단된 남북 베트남의 전쟁이 시작됐다. 1964년 미군이 참전하면서 국제전으로 확대됐고 종전까지 전쟁과 평화협상이 반복됐다. 1968년 5월 미국과 북베트남의 첫 협상이 개시됐지만, 회담 진전은 매우 부진했다. 회담 대표들이 협상 테이블 위치와 형태 합의에 이르는 데 장장 9개월이나 소요됐다. 북측과 남측은 대표단이 이용하는 책상의 형태를 둘러싸고 논쟁을 반복했다.
 북측은 남베트남민족해방전선을 포함한 모든 대표가 평등하게 협상할 수 있도록 원형 테이블을 사용하자고 주장했고, 남쪽은 직사각형 테이블을 고집했다. 결국, 북베트남과 남베트남 정부 대표는 원형 테이블에 앉고, 다른 대표들은 원형 테이블 주변에 배치된 사각형 테이블에 앉아 협상을 진행했다. 테이블

전쟁은 1973년 1월 27일 파리평화협정 조인까지 8년 8개월 동안 계속됐다. 북베트남의 협상전략은 미군 철수를 집요하게 물고 늘어진 이일대로였다. 협상 테이블이 곧 전쟁터였다. 이 전술은 태평양을 건너 캠프 데이비드 산장으로 갔다.

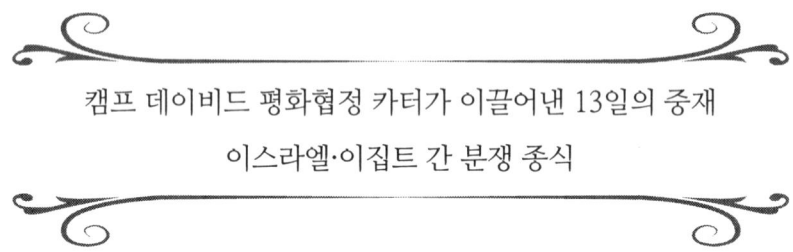

캠프 데이비드 평화협정 카터가 이끌어낸 13일의 중재
이스라엘·이집트 간 분쟁 종식

캠프 데이비드 산장의 13일

베트남에서 겨우 발을 뺀 미국은 중동 분쟁의 수렁에 다시 빠졌다. 이스라엘과 아랍의 30년 증오를 종식하기 위한 첫걸음이 1978년 9월 17일 캠프 데이비드 평화협정이다. 카터 대통령의 중재로 이집트 사다트 대통령과 이스라엘 베긴 총리의 회담이 시작됐다. 이때 카터의 숨은 계략이 있었다. 워싱턴으로부터 100여km 떨어진 산장은 바깥세상과 완전히 격리됐다.

카터는 사다트와 베긴의 중재자로서 조용하고 평화스러운 분위기 조성에 힘썼다. 미국 입장을 얘기하기보다는 두 사람의 의견을 듣고 상대방이 받아들일 때까지 조율했다. 넓은 별장에 자전거 2대만 배치하고 거의 24시간 동안 영사기가 돌려졌다. 공식 회담보다는 아침 산책을 같이하거나 알리와 스핑

크스의 복싱 경기를 함께 봤다. 산장 인근 게티즈버그 나들이 길에는 링컨과 남북전쟁 이야기를 하면서 마음을 서로 털어놓을 때까지 기다렸다.[4)]

회담이 결렬 위기에 이르자 세 사람이 같이 찍은 사진에 사다트 손자·손녀의 이름을 적어 놓아 인간적 친밀감을 느끼도록 했다. 이 사실은 카터가 틈틈이 써 둔 검은색 일기장 18권에 고스란히 남아 있었다. 중동 평화를 위한 산장의 13일은 평화조약 체결을 위한 이일대로였다.

5. 진화타겁과 화공

塵·좇을 진　火·불 화　打·칠 타　劫·위협할 겁
- 불난 틈을 타서 도둑질하다 -

상대 위기는 곧 기회… 적의 혼란한 틈을 놓치지 마라

정월대보름 날 활활 타오르는 들불 축제는 희망을 기원하지만, 반면 잠깐만 방심하면 초가삼간을 태우기도 한다. 불은 희망과 열정, 재앙과 공포의 속성을 모두 지녔다.

[4)] 지미 카터, 중앙일보 논설위원실 역, 『카터 회고록』하, (서울: 중앙일보사, 1983), pp. 7-97.
지미 카터, 박정화 편집, 『마더 릴리언의 위대한 선물』(서울: 에버리치홀딩스, 2011), pp. 262-267.

태평양전쟁에서 이오지마 동굴에 숨어 있는 일본군을 향해 미군이 화공을 펼치는 모습

불난 틈에 공격하다

승전계 5계 진화타겁은 불난 틈을 타서(진火) 도둑질한다(打劫)는 뜻이다. 적 위기를 최대한 이용해 공격하는 전술이다. 진은 틈을 타거나 편승하는 것이며 火는 적의 곤란함과 번거로움이다. 打는 동작을 劫은 위협하거나 빼앗는 것을 말한다. 이 계는 손자병법 시계편에서 유래됐다. 원문은 '利而誘之 亂而取之 實而備之 强而避之(이이유지 난이취지 실이비지 강이피지)'다. 적이 이로움을 탐하면 이로움을 보여줘 꾀어내고, 적이 어지러우면 이를 틈타서 취하고, 적이 충실하면 공격하지 말고 대비하며, 적이 강하면 피하라는 것이다. 자신의 힘을 사용하지 않고

다른 힘을 빌리는 차도살인(借刀殺人)과 달리, 상대를 무력화 시키면서 자신의 세를 이용해 승리를 얻는다.

『칼을 품은 미소』는 와신상담(臥薪嘗膽)으로 유명한 오나라와 월나라의 전쟁 사례를 들었다. 오나라는 양쯔강 하류 상하이 일대, 월나라는 남쪽 사오싱시에 있었는데 원수처럼 지냈다. 기원전 498년 오왕 부차에게 패한 월왕 구천은 3년 동안 부차의 말을 사육하는 모욕을 견뎠다. 구천은 풀려 난 후에도 부차에게 금과 미녀를 보내면서 한편으로는 군사력을 증강했다. 기원전 482년 오나라는 제나라와 오랜 전쟁을 치러 국력이 약해지고 심한 가뭄이 들었다. 월왕 구천은 이 기회를 놓치지 않고 오나라를 멸망에 이르게 했다.

오·월 이야기는 손자병법 구지편 '오월동주(吳越同舟)'로 이어진다. 원문은 '夫越人與吳人 相惡也 當其同舟而濟 而遇風 其相救也 如左右手(부월인여오인 상오야 당기동주이제 이우풍 기상구야 여좌우수)'다. '월나라 사람과 오나라 사람이 서로 미워하지만 같은 배를 타고 건너갈 때 폭풍을 만나면 좌우의 손처럼 서로 돕는다'라는 뜻이다. 진화타겁의 불은 위기나 재난을 비유하는 뜻으로 쓰였으나 전쟁에서 불은 직접적인 공격수단으로 사용돼왔다.

> 오왕 부차에게 패한 월왕 구천
> 모욕 견디며 와신상담 힘 길러
> 심한 가뭄 든 오나라 급습 승리

화공전술 발전

전국시대 말인 기원전 284년 오늘날 요동 지역에 있던 연(燕)나라는 산둥반도 일대의 제(齊)나라를 침공해 대부분의 성을 점령했다. 제나라 장수 전단(田單)은 역습을 준비하면서 백성들로부터 소 1000여 마리를 징발했다. 전단은 붉은 천에 용 그림을 그려 소등에 입혔다. 그리고 날카로운 칼을 뿔에 매단 뒤 소꼬리에는 기름에 적신 삼과 갈대를 묶었다. 병사들 얼굴에는 위장을 하고 성벽에는 여러 개의 구멍을 동시에 뚫을 수 있도록 준비했다. 어린아이와 늙은이들에게는 놋쇠나 꽹과리 등 소리를 낼 수 있는 물건들을 휴대시켰다.

밤이 되자 전단은 성벽에 커다란 구멍을 뚫고 소꼬리에 불을 붙여 그 구멍으로 소들을 들여보냈다. 꼬리에 불이 붙은 소들은 뜨거워서 미친 듯이 연나라 방어진지로 내달았고 제나라군은 그 뒤를 뒤따랐다. 동시에 어린이와 늙은이들은 한꺼번에 놋쇠와 꽹과리를 쳐 요란한 소리를 냈다. 방심하고 있던 연나라군은 순식간에 혼란에 빠져 지휘계통이 마비됐고, 병사들은 소의 뿔에 매달린 날카로운 칼에 찔려 죽고 소 발바닥에 밟혀 죽었다. 이른바 '화우지계(火牛之計)'다.

불을 이용한 공격은 신라 시대에도 있었다. 서기 512년 신라 장군 이사부는 우산국을 공격하면서 나무를 깎아 만든 커다란 사자 입에 불을 붙이고 화살을 쏘았다. 우산국(于山國·현 울릉도) 사람들은 혼비백산해 신라에 복속되고 말았다.

오랜 세월이 지나 19세기 중엽 석유가 발견되면서 전쟁터에서 가공할 화공 전술로 발전했다. 제2차 세계대전 때 퍼시 호바트 장군이 처칠 전차를 개조해 만든 크로커다일 전차들은 75㎜ 전차포 외에 전방 운전병 해치 옆 경사 장갑판 위에 화염방사기를 장착했다. 이 전차는 장갑 연료 트레일러를 끌고 다녔는데 노르망디 상륙작전을 성공으로 이끄는 데 크게 기여했다. 1945년 태평양전쟁의 막바지 이오지마 전투에서 동굴의 일본군을 향해 화염방사기에서 내뿜는 화염은 지옥불이었다.

진화타겁의 요점은 내분을 조심하라는 것이다. 이 교훈을 잊고 서로 다툴 때 자신의 몸에 불이 붙어 태워지는 인화소신(引火燒身)이 될 수 있다.

6. 성동격서와 기만

> **聲 · 소리 성　東 · 동녘 동　擊 · 칠 격　西 · 서녘 서**
>
> – 동쪽에 소리치고 서쪽을 공격하다 –
>
> 귀는 동쪽 소리를, 눈은 서쪽 언덕을… 역발상 전략을 경계하라

우수(雨水)는 눈이 녹아 비가 되는 날이다. 이때 얼음 깨지는 소리에 놀라 언덕이 무너지는 것을 보지 못할 수 있다. 귀는 동쪽 소리를 듣고 눈으로는 서쪽 언덕을 눈여겨보아야 한다.

동쪽으로 공격하는 듯 서쪽으로 공격

승전계 6계 성동격서는 동쪽에 소리치고(聲東) 서쪽을 공격(擊西)한다는 뜻이다. 적을 교란하기 위해 동쪽에서 싸울 뜻이 있는 것처럼 하다가 실제로는 서쪽에서 공격한다는 의미다. 聲은 악기를 손으로 쳐서 귀로 들을 수 있는 소리를 뜻한다. 東은 알곡을 가득 담아 양 끝을 묶어 놓은 자루 모양을 형상화한 글자로 본뜻은 자루다. 擊은 다양한 수단을 손으로 던지는 행위다. 西는 대바구니를 엮은 바구니 모양을 그렸다.

성동격서는 동서고금을 막론하고 전쟁에서 가장 많이 활용되므로 출처도 다양하다. 이 계는 당나라 재상 두우의 『통전(通典)』 병육(兵六)에 나오는 '말로는 동쪽을 공격하고 실제로는 서쪽을 공격한다(聲言擊東 其實擊西)'에서 유래됐다. 명나라 초 유기의 『백전기략』 81번째 성전(聲戰)에도 나온다. '전쟁에 있어 聲이라 함은 허장성세를 의미한다. 동쪽을 공격하는 듯이 하면서 서쪽을 공격하고(聲東擊西), 이쪽을 공격하는 듯하면서 저쪽을 공격해, 적으로 하여금 도무지 어느 곳을 방어해야 할지 모르게 만들어야 한다. 이렇게 하면 아군이 공격하고자 하는 지점은 적이 미처 수비하지 못하는 곳이 될 것이다'라고 했다.

명말청초 게훤은 『병경백자(兵經百字)』 84번째 聲(소리 이용하기)에서 구체적 활용 방법을 말했다. '적이 밤중에 병영 밖에서 자고 있을 때 멀리서 횃불과 북소리로 적을 속이고 실제로는 징과 포격으로 적을 압박한다. 적 전방과 퇴로를 억압하고 좌우 양쪽 길에 병사를 매복시켜 적으로 하여금 달아나게 하고서 그들을 섬멸하는 것이다.' 이를 잘 구현했던 사례가 관도전투다.

여러 계로 조조군 관도전투 승리

『칼을 품은 미소』는 후한 말(200년) 조조와 원소의 관도전투 사례를 들었다. 조조는 삼십육계가 나오기 오래전에 36계의 여러 계책을 사용했다. 한 왕조 쇠퇴 후 원소와 조조가 중원의 패권을 차지하려고 황하 관도 일대에서 대결했다. 원소의 10만 대군은 본거지인 업성(鄴城)에서 남하해 여양에 도착했다. 원소군 선봉 안양은 황하를 건너 조조의 전진 기지인 백마성을 공격했다. 이에 조조는 하남 북부 관도에 주력을 두고 연진에서 황하를 도하하는 것처럼 꾸몄다. 만천과해다. 원소가 이에 속아 연진을 공격하자 조조는 이 틈을 타 백마성을 포위한 안양군을 격멸했다. 조조군이 다시 백마에서 연진으로 패한 것처럼 철수하자 이를 뒤쫓던 원소군은 기습을 당해 큰 피해를 봤다. 이일대로다.

다시 원소 주력이 관도의 조조군을 향해 총공세를 펼쳤다. 조조군 5,000명은 밤을 틈타 원소군 보급기지 오소를 기습해 군량미를 모두 불태워 버렸다. 진화타겁이다. 사기가 저하된 원소군은 관도 전투에서 7만 명을 잃었다. 기만과 기습 및 양동 작전이 어우러진 성동격서였다. 조조는 7년 동안 원소 잔여 세력을 멸하고 중국 북방을 통일했다.

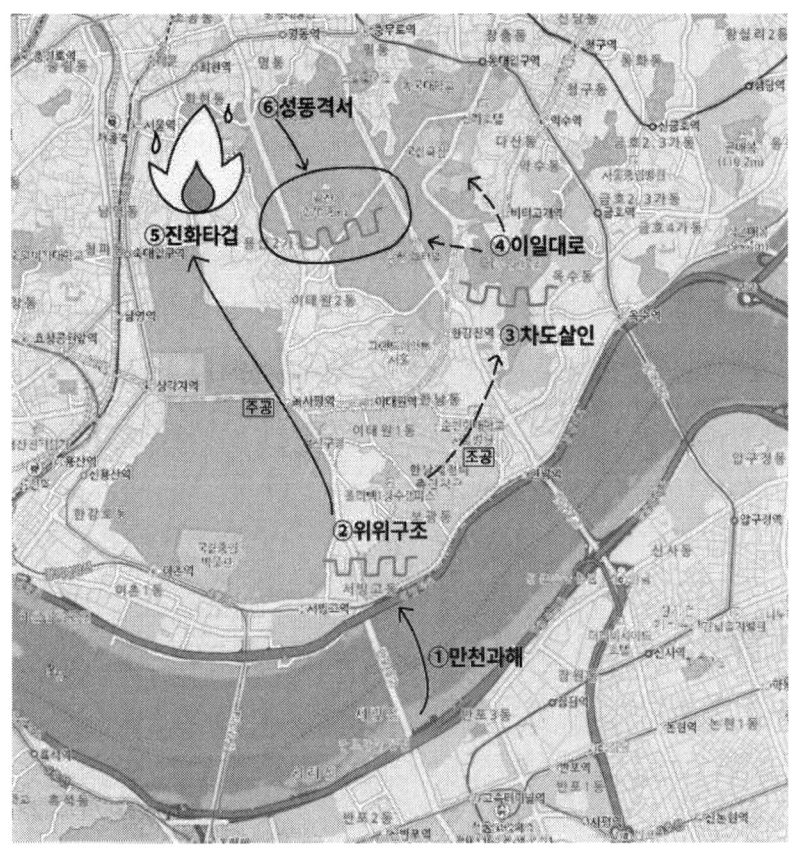

승전계는 한강 이남에서 남산으로 공격하는 모습을 연상하면 된다

승전계로 남산을 공격

지금까지 1부 승전계를 알아보았다. 독자들이 한 번에 6계 모두를 기억하기는 어렵다. 따라서 각각의 계를 가상현실(VR) 속에서 한 장면으로 그려보자. 남산 팔각정 일대에 적 1개 대대 규모가 방어하고 있다. 이를 목표로 1개 연대가 반포한강공원

남단에서 공격을 개시한다. 주공은 반포대교에서 녹사평역 방향이며 조공은 우측 매봉산을 향한다. 먼저 1계 만천과해로 주공은 도하 수단을 이용해 한강을 건너간다. 이때 주공이 한강 대안상 적의 강력한 방어로 한남동 일대에서 진출이 지연된다. 그러자 조공이 투입돼 주공을 돕는 2계 위위구조, 3계 차도살인으로 조공 목표 매봉산을 공격함으로써 주공 방향을 기만한다.

  조공이 동쪽에 있는 국립극장 방향으로 공격을 계속해 방어부대를 피로하게 만드는 것은 4계 이일대로다. 이때 주공 일부는 5계 진화타겁으로 남산도서관 일대에 화공을 펼침으로써 방자의 시선을 끌어 기만한다. 이 틈에 주공은 6계 성동격서로 팔각정 서쪽 능선으로 신속하게 공격해 최종 목표 남산을 점령한다. 각각의 계를 전장 상황에 따라 상호 연결하면서 목표를 탈취할 수 있다.

제2부

적과 비슷할 때

적전계

- 무중생유와 게릴라전
- 암도진창과 기습
- 격안관화와 기회
- 소리장도와 위장평화
- 이도대강과 희생
- 순수견양과 허점

제2부

적과 비슷할 때 **적전계**

7. 무중생유와 게릴라전

> 無·없을 무　中·가운데 중　生·날 생　有·있을 유
> - 아무것도 없는 데서 유를 만들다 -
>
> 적의 것을 나의 것으로… 無에서 有를 창조하라

　요즈음 경제가 어렵다고 한다. 그러나 가진 것이 거의 없었던 40년 전에 우리는 '수출 100억 불, 국민소득 1,000불'을 처음으로 달성했다. 이것은 초등학생들의 글짓기 제목이기도 했다. 모두 '하면 된다. 안 되면 되게 하라'라는 신념으로 헐벗고 굶주렸던 시절을 이겨낸, 무에서 유를 창조한 무중생유였다.

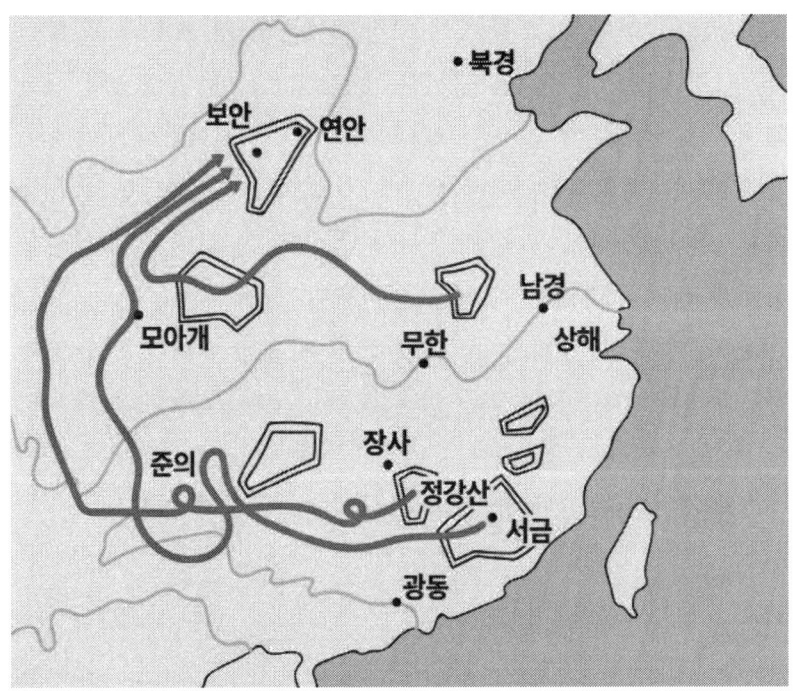

홍군이 368일간 게릴라전으로 싸웠던 대장정 로드

무에서 유를 창조

36계 2부 적전계는 아군과 적군의 세력이 비슷해 서로 대치한 상황에서 적을 기묘한 계략으로 유인해 승리를 이끄는 전술이다. 7계 무중생유(無中生有)부터 암도진창(暗渡陳倉) 등을 거쳐 12계 순수견양(順手牽羊)으로 이어진다. 핵심은 교란(攪亂)·기만(欺瞞)·유인(誘引)이다.

7계 무중생유는 노자가 전국시대 초기(기원전 403~343)에 지은 『도덕경』에서 유래됐다. 여기에는 당시 사람들의 세계관과 인생관이 담겨 있다. 상편에 해당하는 1장에서 37장까지는 도경(道經), 하편인 38장에서 81장까지는 덕경(德經)으로 불린다. 덕경 41장에 서술된 원문은 '反者道之動 弱者道之用 天下萬物 生於有 有生於無(반자도지동 약자도지용 천하만물 생어유 유생어무)'다. 서로 반대되는 방향으로 변화하는 것이 도의 운동이요, 유약한 것이 도의 작용이니 천하의 온갖 사물과 사건은 유에서 생겨나고 유는 무에서 생겨난다는 뜻이다.

무중생유가 전쟁에서 활용된 것은 기원전 208년 제갈량이 적벽대전에서 10만 화살을 얻은 사례나 755년 당나라 안사의 난 때 장순이 화살을 구한 사례가 잘 알려져 있다. 이 계는 이일대로와 성동격서가 함께 어우러져 게릴라전에 적용됐다.

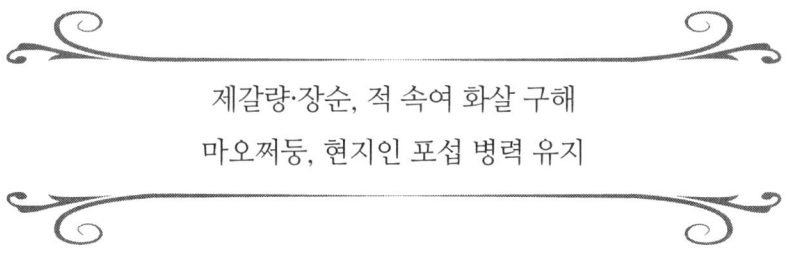

제갈량·장순, 적 속여 화살 구해
마오쩌둥, 현지인 포섭 병력 유지

마오쩌둥의 게릴라전

『칼을 품은 미소』는 마오쩌둥의 게릴라전 사례를 들었다.[5]

1934년 10월 16일 루이진(瑞金)에서 시작해 이듬해 10월 18일 우치에 이르기까지 368일간에 걸쳐 1만여km를 걸은 홍군의 긴 여정은 무중생유 그 자체였다. 마오쩌둥은 '작은 불씨가

---

5) 카이한 크리펜도프 글, 김태훈 옮김, 『36계학』(서울: 생각정원, 2013), pp. 134-136.

광야를 태운다. 장기전이지 단기전이 아니다. 약한 것으로 강한 것을 이긴다. 인민군대의 힘은 민중에 의거한다. 향촌으로 최후의 도시를 이긴다. 빠른 것이 큰 것을 이긴다'라는 전술을 구사했다. 그리하여 홍군 8만5,000명이 장제스의 100만 대군을 이겼다. 계속되는 국민당군의 추격으로 병력이 줄어들자 현지 주민들을 포섭해 병력을 유지한 무중생유였다.

그들은 24개의 깊고 넓은 강을 건너고 눈이 녹지 않는 해발 4,000m 이상의 산 18개를 넘었다. 이들은 자기 짐과 쌀가마니·탄환주머니·소총 등 40kg의 짐을 각자 지니고 걸었다. 1945년 일본이 패망하자 마오쩌둥과 장제스는 중국 패권을 놓고 내전을 벌였다. 홍군은 단결된 반면 국민당군은 무능하고 부패했다. 결국, 장제스는 살아남은 60만 병력을 데리고 타이완으로 도주해야 했다. 대장정(Red Road)의 무중생유는 베트남 30년 전쟁에도 그대로 적용됐다.

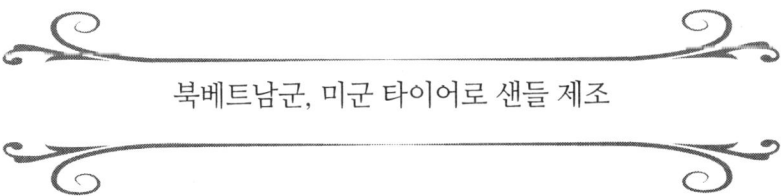

북베트남군, 미군 타이어로 샌들 제조

포탄파편·타이어로 전투물자 생산

제2차 세계대전 후 베트남은 한반도처럼 남북으로 갈라졌다. 프랑스는 베트남을 다시 지배하려고 병력 38만7,000명을 보냈다. 호찌민은 마오쩌둥이 대장정을 통해 장제스 군대를 이기는 모습을 지켜봤다. 동양의 나폴레옹인 보응우옌잡 장군은 정글에서 디엔비엔푸로 곡사포 200문을 한 번에 2㎝·하루 800m씩 4개월 동안 100km를 옮겼다. 1954년 난공불락으로 여겨졌던 디엔비엔푸를 55일 만에 점령했다.

프랑스군이 철수한 다음 미군이 다시 베트남전쟁에 개입했다. 당시 세계 최강 미군은 전략폭격기와 항공모함 등 최신 무기와 압도적 병력을 투입했다. 북베트남군은 남베트남민족해방전선(일명 베트콩)과 연합했다. 남베트남으로 향하는 정글 속 호찌민 루트 1만7,000여km를 자전거로 달렸다. 포탄 파편을 깎아 부비트랩을 만들었다. 1975년 4월 30일 남베트남 대통령궁 담장을 무너뜨린 북베트남군 탱크병의 군화는 미군 트럭 타이어를 잘라 만든 샌들이었다. 북베트남군 역시 무중생유였다.

약한 자가 강한 적을 이기는 다윗과 골리앗의 싸움은 예나 지금이나 여전히 존재한다. 많은 병력과 첨단 무기와 장비가 승리를 보장하지 않는다. 화살이 떨어지면 적으로부터 가져오고 군화가 닳으면 타이어를 잘라 동여매는 지혜가 필요하다. 오늘날 무중생유는 물질보다 강한 정신력이다.

8. 암도진창과 기습

> **暗·어두울 암 渡·건널 도 陳·펼칠 진 倉·창고 창**
> – 아무도 모르게 건너가 진창을 점령하다 –
>
> 정면 공격하는 척 기만 후 은밀하게 우회 습격하라

중국을 찾는 여행객들은 오랜 역사와 웅장한 자연에 놀라워한다. 장가계나 계림 곳곳에는 높은 산허리를 가로질러 만든 나무다리 잔도(棧道)가 산재한다. 한(漢)나라 유방은 이 잔도를 불태워 항우를 속였다.

중국 장가계나 계림 등에 있는, 절벽을 가로지르는 나무다리 잔도

잔도를 수리하고 진창으로 몰래 건너가다

적전계 8계 암도진창은 아무도 모르게 건너가(暗渡) 진창(陳倉)을 점령한다는 뜻이다. '암도'는 협곡을 건너기 위해 만든 다리인 잔도를 몰래 건너가는 것으로 진창 점령을 위한 수단이나 방책이다. 진창(오늘날의 바오지(寶鷄) 시)은 시안 서쪽의 도시로서 군량과 마초(馬草) 창고가 있는 군수기지였다. 중국 서부와 동부를 연결하는 관문인 이곳을 거쳐 티베트·쓰촨·간쑤에서 시안·베이징·상하이로 갈 수 있다.

암도진창은 사마천이 지은 『사기』의 회음후 열전(淮陰侯 列傳) 한신 편에 등장한다. 회음후는 회음(오늘날의 화이안(淮安)) 땅에 봉해진 후(侯·지방 제후)라는 뜻이다. 사마천은 한나라의 전성기인 무제(기원전 141~87) 때의 역사가다. 『사기』에는 중국 상고시대부터 무제까지 3,000년의 역사가 담겨 있다. 이 책은 본기 12편과 세가 30편, 열전 70편 등 모두 130편으로 구성됐다. 그중 열전에는 왕은 아니지만, 역사에 뚜렷한 업적을 남긴 인물들의 이야기가 실려 있다.

독자들은 36계를 통해 여러 중국 고전을 접하게 된다. 지금까지 알아본 7개 전술만 보더라도 영락대전·병경백자·손자병법·한비자·육도삼략·노자 등에서 인용됐다. 36계의 각 전술과 함께 여러 병서와 중국 역사를 살펴보는 묘미가 덤으로 있다. 진(秦)나라 이후 두 번째 통일제국인 한나라는 장량의 암도진창계로 건설됐다.

잔도 없애 항우 안심시키고 힘 키운 유방
잔도 복구하는 척하며 항우군 속이고
우회 후 진창 점령 漢 건국 발판 마련

잔도를 불태워 漢 제국 건설

기원전 207년 진 왕조는 반란에 휩싸였다. 유방과 항우는 전략적 요충지인 관중을 차지하려고 서로 경쟁했다. 항우의 본거지인 팽성(오늘날의 쉬저우(徐州))은 황하 하류의 곡창지대였다. 항우는 유방의 야심을 경계해 관중 땅을 8개로 나누고 그중 가장 먼 서쪽 오지로 그를 밀어냈다. 유방이 쫓겨간 파촉(巴蜀)은 쓰촨(四川)과 간쑤(甘肅) 지방의 옛 이름이다. 항우는 파촉과 팽성 사이를 3개 지역으로 구분해 장한·사마흔·동예에게 각각 맡겼다. 이른바 중립지대로 파촉에서 중원으로 나오려면 반드시 이 세 곳을 지나야 했다.

유방의 참모 장량은 파촉으로 가면서 험한 벼랑의 잔도를 모두 태워야 한다고 했다. 화소잔도(火燒棧道)다. 유방이 복수를 위해 동쪽으로 돌아올 생각이 없음을 일부러 드러내야 항우가 안심하기 때문이었다. 이후 유방은 파촉에서 군사력을 증강하면서 번쾌로 하여금 잔도 120km를 수리하게 했다. 장한은 이들이 잔도를 복구하려면 많은 시간이 걸릴 것으로 보고 경계를 소홀히 했다. 이 틈에 유방은 잔도를 우회, 진창을 기습 공격해 점령했다. 그리하여 기원전 202년 유방은 항우를 물리치고 한나라를 세웠다. 오늘날의 유럽 지도도 암도진창 전술인 노르망디 상륙작전으로 그려졌다.

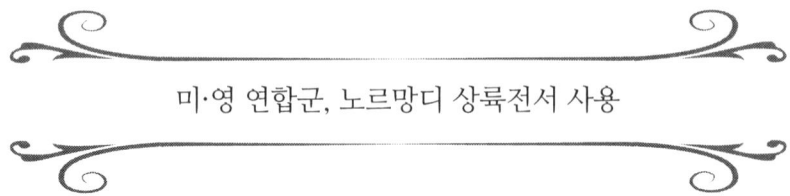

미·영 연합군, 노르망디 상륙전서 사용

진창 파리로 가다, 노르망디 상륙

제2차 세계대전 말에 미·영 연합군은 한판 승부수를 던졌다. 상륙작전 지역을 기만하는 '불굴의 용기(fortitude)' 작전이었다. 연합군은 이를 통해 독일군이 상륙 지역을 오인하게 하거나, 최소한 적의 병력을 분산시킴으로써 즉각적인 반격 능력을 떨어뜨리려 했다. '불굴의 용기' 작전은 다시 나누어지는데 '북 포티튜드' 작전은 연합군이 노르웨이를 거쳐 덴마크로 진출, 소련과 연결 통로를 확보하고 독일 북쪽으로 쳐들어갈 것처럼 보이기 위한 것이었다. 이를 위해 영국 폭격기들은 노르웨이 해안선에 배치된 독일군 감시초소와 공군기지를 폭격해 독일군을 묶어 두었다.

'남 포티튜드' 작전은 연합군이 영국 도버해협을 건너 프랑스의 파드칼레에 상륙하는 것처럼 기만을 했다. 수만 대의 모형 탱크와 트럭을 켄트 주변 항구 공터에 보이도록 배치하고, 상륙 주력이 배치된 지역은 위장천막을 쳐 독일공군의 정찰을 방해했다. 일부러 패튼 장군의 위치를 노출하는 무전 신호도 흘렸다. 독일군은 파드칼레에 19개 이상의 사단을 배치하고 센 강과 루아르강 사이에는 18개 사단만 배치했다. 결국, 연합군 100만 명은 노르망디에 상륙해 1944년 8월 25일 파리에 입성했다. 노르망디가 암도, 파리가 진창이었다.

9. 격안관화와 기회

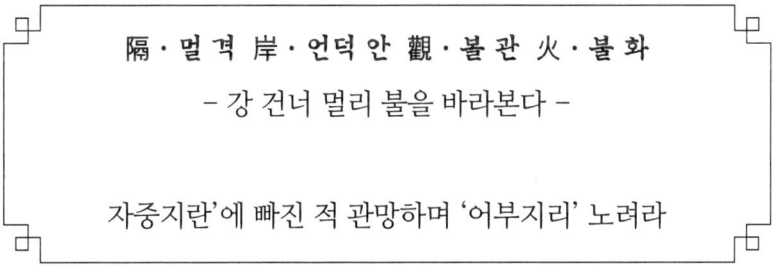

隔·멀 격 岸·언덕 안 觀·볼 관 火·불 화
- 강 건너 멀리 불을 바라본다 -

'자중지란'에 빠진 적 관망하며 '어부지리' 노려라

36계에서 공격수단으로 등장하는 단어가 火와 刀다. 그만큼 상대방에게 위협적 수단이다. 그러나 함부로 사용하면 근심(禍)이 되므로 기회가 올 때까지 기다리는 양회(養晦)가 요구된다.

정기룡은 소 떼들의 등에 실은 검부나무에 불을 붙여 왜군을 섬멸했다

불로 공격하거나 때를 기다리다

적전계 9계 격안관화는 강 건너 멀리(隔岸) 불을 바라본다(觀火)는 뜻이다. 상대에 내분이 일어나면 강 건너 불 보듯 하며 기다리는 어부지리(漁父之利) 전술이다. 이 고사는 『전국책』 '연이(燕二)'에서 유래했다. 전국시대에 조나라가 연나라를 공격하려 했다. 연나라 소대는 조나라 혜왕에게 도요새(鷸·鷸)와 조개(蚌·방)의 싸움에서 지나가던 어부만 이익을 본 것처럼, 두 나라가

싸우면 진나라에만 도움이 될 뿐이라고 하자 조나라는 공격을 하지 않았다. 이렇게 자기들은 얻는 게 없고 3자에게 이득을 안겨주는 것을 휼방상쟁(鷸蚌相爭)이라고 한다.

격안관화는 당나라 승려 건강이 쓴 '투갈제기'의 한 구절 '隔岸紅塵忙似火 當軒青嶂冷如氷(격안홍진망사화 당헌청장냉여빙)'에서 유래됐다. 강 건너 속세인들은 불길처럼 바쁘게 움직이는데 산중 절 앞 높고 푸른 산봉우리는 얼음처럼 차갑다는 뜻이다. 그리고 『손자병법』 군쟁편의 '以治待亂 以靜待譁(이치대란 이정대화)'와 맥이 통한다. 정돈된 상태에서 적의 어지러움을 기다리고 정숙한 상태에서 적의 소란함을 기다린다는 것이다.

이 계는 상황에 따라 2개 전술을 구사한다. 불이 났을 때 치거나 위협하는 것, 불리할 때 공격을 미루고 기회를 엿보는 것이다. 첫째는 임진왜란 때 소 떼의 등에 나무를 싣고 불을 붙여 왜군을 물리친 사례다.

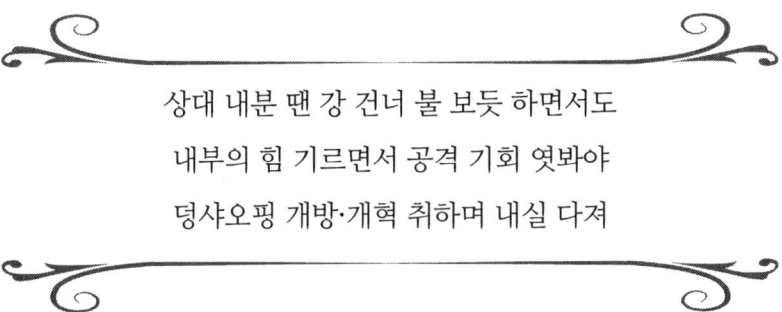

상대 내분 땐 강 건너 불 보듯 하면서도
내부의 힘 기르면서 공격 기회 엿봐야
덩샤오핑 개방·개혁 취하며 내실 다져

불붙은 소로 왜군을 이기다

 1592년 4월 구로다 나가마사의 왜군 1만여 명은 진해만 안골포에 상륙한 후, 김해와 금산을 거쳐 한양으로 향했다. 경상우방어사 조경은 맹장 정기룡 등과 함께 추풍령을 방어했다. 왜군 선봉대는 매복해있던 조선군의 기습 공격을 받고 철수했다. 돌격대장 정기룡은 왜군의 야간 공격에 대비해 방어 준비를 했다. 밤에 장병 1인당 횃불 5개를 일제히 피워 방어 병력 숫자가 많은 것처럼 보이도록 했다. 또한, 소 10마리에 호랑이 가죽을 씌워 꼬리에는 기름 솜 10근(6kg)씩을 매달고 등에는 검부나무를 한 짐씩 실어놓았다.
 이윽고 자시(밤 11시부터 새벽 1시)가 되자 왜군이 은밀히 추풍령 중턱까지 올라왔다. 정기룡은 미리 준비해 둔 10마리 소의 꼬리와 등에 불을 붙였다. 뜨거움에 놀란 소들은 왜군 쪽으로 쏜살같이 내달았다. 아울러 요즈음 박격포인 청동제 화포 대완구(大碗口)를 쐈다.
 좁은 산길로 밀집 공격해 오던 왜군은 조선군의 공격으로 1,000여 명이 사상했다. 구로다는 조선군 병력이 1,200여 명에 불과한 것을 알고 2차 공격을 시도했다. 정기룡은 다시 소와 돌격대를 이용해 왜군 1,000여 명을 죽였다. 왜군의 계속된 공격으로 총지휘관 조경이 부상하고 사상자가 늘어나자 정기룡은 추풍령에서 철수했다. 그러나 소 떼를 이용한 이 전투로 일본군 3군의 함경도 방향 진출을 지연시켰다. 격안관화 둘째 사례는 덩샤오핑의 도광양회다. 인내하며 때를 기다려 오늘날 중국 발전의 틀을 닦았다.

떨쳐 일어날 기회를 엿보다

중국은 1980년대 개혁·개방정책을 취하면서 미국과 대등한 실력을 갖출 때까지 몸을 낮추고 힘을 기르는 것을 뼈대로 삼았다. 덩샤오핑은 '도광양회(韜光養晦·재주를 감추고 때를 기다리며 몰래 힘을 기른다)'로 내실을 다졌다. 이 성어는 그가 1992년 발표한 외교지침 24자의 일부다. '沈着應付 韜光養晦 善於守拙 絕不堂頭(침착응부 도광양회 선어수졸 절부당두)'로 침착히 대처하고 때가 되기 전엔 자기를 노출하지 않으며 우둔한 듯 보이도록 하고 남보다 먼저 나서지 말라는 뜻이다. 이는 국제적으로 영향력을 행사할 수 있는 경제력과 국력이 생길 때까지는 침묵을 지키면서 전술적으로는 협력하는 외교전략이었다.

이후 20여 년 동안 도광양회는 중국 대외정책의 상징이었다. 그러나 2002년 후진타오를 중심으로 4세대 지도부가 들어서면서 도광양회는 새로운 외교노선으로 대체됐다. 화평굴기·유소작위·부국강병이다. 2008년 베이징 올림픽 이후 굴기(屈起·떨쳐 일어남)가 거칠다. 우리의 사드 배치를 두고 중국 국가이익만 내세운 변질된 불꽃이 우려스럽다. 강 건너 불을 바라만 볼 것이 아니라 잘 다스리는 지혜로운 외교안보전략이 절실하다.

10. 소리장도와 위장평화

笑·웃을 소 裏·속 리 藏·감출 장 刀·칼 도
- 웃음 속에 칼이 숨어 있다 -

웃음으로 적을 안심시킨 후 은밀하게 제거하라

매년 2월에는 키리졸브·독수리(Key Resolve and Foal Eagle) 연습이 시작된다. 바다의 요새 칼빈슨함 항모전단과 최정예 특수전부대 데브그루 등이 한반도에 전개됐다. 북한이 늘 거짓 미소에 핵과 미사일 등 칼을 숨겨 도발하는 데 대비하기 위해서다.

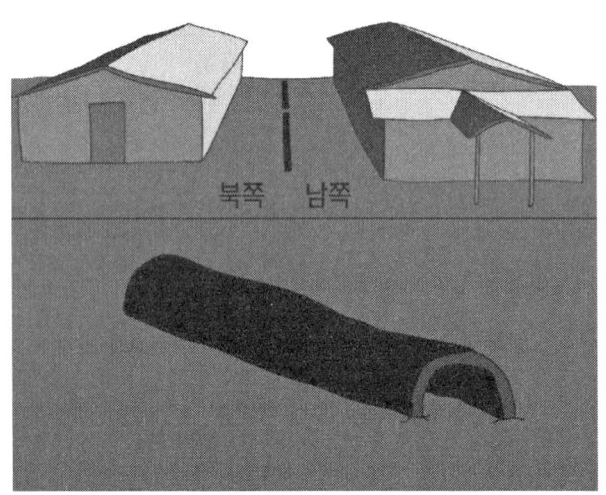

북한은 땅 위 판문점에서는 평화회담을 하면서 그 밑에서는 땅굴을 파고 있었다

웃음 속에 칼을 숨기다

적전계 10계 소리장도는 웃음 속(笑裏)에 칼이 숨어 있다(藏刀)는 뜻이다. 刀는 한쪽 날을 가졌으며 손잡이가 있는 칼을 본뜬 글자다. 3계 차도살인과 소리장도가 합하여 검(劍)이 된다. 劍은 刀에 刀가 더해진(僉) 글자로 날이 양쪽에 다 있는 칼을 뜻한다. 이 전술은 먼저 상대를 안심시킨 후 은밀히 제거할 계책을 세우고 준비가 되면 곧바로 움직여 제압하는 것이다.

소리장도의 출처는 백거이가 쓴 시 '천가도'다. 그는 당나라 시인이자 검객으로 문무를 겸비했다. '그대 보지 못했는가? 이의부의 무리가 즐겁게 웃는데 웃음 속의 칼이 몰래 사람을 해치는 것을(君不見李義府之輩笑欣欣 笑中有刀潛殺人·군불견이의부지배소흔흔 소중유도잠살인).' 이의부는 당 고종의 간신이었다. 『구당서(舊唐書)』에서도 '의부의 웃음 속에는 칼이 있다(義府笑中有刀)'고 했다. 그는 겉으로는 늘 미소를 띠었지만, 뒤에서는 중상모략의 칼을 갈았다.

이의부 뺨치는 간신이 당나라 재상 이임보다. 그가 탄생시킨 구밀복검은 인간의 겉과 속이 다름을 일깨워주는 말이다. 사람들은 그를 가리켜 '입에는 꿀을 발랐지만 뱃속에는 검을 품고 있다(口有蜜 腹有劍)'고 했다. 김정은이 2013년 장성택을 처형하면서 덮어씌웠던 혐의인 양봉음위(陽奉陰違·보는 앞에서 순종하는 체하고 속으로는 딴마음을 먹음)도 '소리장도'와 통한다. 진나라와 위나라 전쟁에서는 칼을 감춘 미소가 두 사람의 오랜 우정을 갈랐다.

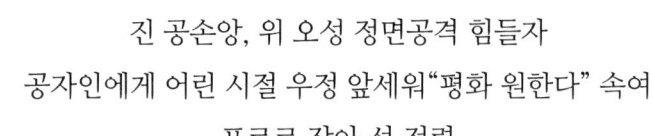

진 공손앙, 위 오성 정면공격 힘들자
공자인에게 어린 시절 우정 앞세워 "평화 원한다" 속여
포로로 잡아 성 점령

우정에 감춘 칼에 성을 내주다

『칼을 품은 미소』는 기원전 342년 진(秦)나라와 위나라의 전쟁 사례를 들었다. 진나라 공손앙은 병력 5만 명을 이끌고 위나라 관문인 황하 효산 일대의 오성을 공격했다. 오성은 지세가 험준해 정면공격으로 함락하기는 어려웠다. 이 성을 방어하던 장수 공자인은 공손앙과 어린 시절 친하게 지냈던 사이였다. 공손앙은 공자인에게 전쟁보다 평화조약 체결을 원한다는 서신을 보내고 철군하는 모습을 보여 주었다.

공자인은 공손앙의 선의를 믿고 병력 300명만 데리고 평화회담장에 갔다. 그러나 진나라군은 회담 후 연회가 끝나기 전에 위나라군 병력을 모두 포로로 잡았다. 진나라군은 위나라군의 옷을 뺏어 입고 오성을 향해 나아갔다. 성문을 지키던 위나라군은 공자인과 수행단이 협상에서 돌아오는 줄 알고 성문을 열었다. 진나라군은 무방비 상태의 오성을 빼앗고 요충지 효산 일대를 점령했다. 위나라는 이렇게 칼을 품은 미소에 당했다. 평화를 가장한 북한의 두더지 미소가 4개 땅굴에 새겨졌다.

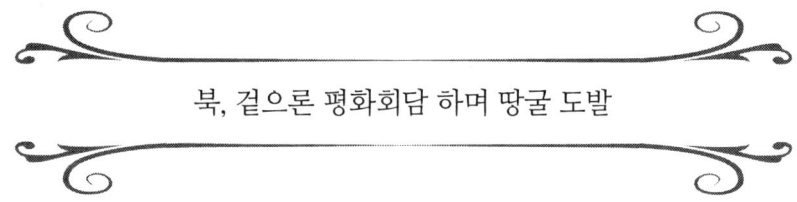

북, 겉으론 평화회담 하며 땅굴 도발

땅굴 두더지 미소

제2차 세계대전 후 자유민주 진영과 공산 진영 간에 무한 핵무기 경쟁이 계속됐다. 1971년 초 미국은 중국·소련 방문을 통해 화해 무드를 조성했다. 한반도에서도 세계적인 화해 분위기에 따라 1972년 7·4남북공동성명이 발표됐다. 그러나 그 시기 북한은 판문점 회담장 아래로 땅굴을 파고 있었다. 김일성은 이미 1971년 9월 25일에 전 휴전선 아래에 지하 침투로를 구축하라는 두더지작전 지시를 내렸다.

1974년 11월 15일 서부전선 비무장지대 고랑포에서 제1땅굴이 발견됐다. 1975년 3월 19일 철원 동북방 중부전선 비무장지대 안에서 제2땅굴을 또 찾았다. 땅굴은 폭 2.1m·높이 2m로 시간당 북한군 2만여 명이 남쪽 여러 출구로 나올 수 있게 돼 있었다. 1978년 10월 17일 발견된 제3땅굴은 판문점 공동감시구역 유엔군 기지로부터 불과 2km 떨어진 지점에 있었다. 북한은 땅굴 3개가 발견됐음에도 침투로 구축을 멈추지 않았다. 그로부터 12년이 지난 1990년 3월 3일 양구 동북방 동부전선 비무장지대 안에서 제4땅굴이 발견됐다.

제5땅굴은 지하가 아닌 남한의 땅 위 곳곳에 구축돼 있다.

북한은 핵과 장거리 미사일을 개발하고, 사회 곳곳에서 내부 교란을 획책하는 양날의 칼을 감춘 소리장도로 위협하고 있다. 우리는 북한의 거짓 미소를 어떤 칼로 막을 것인가? 톈진으로 돌아간 중국 크루즈선의 3,400명 관광객을 아쉬워 말아야 한다. 미소와 바꾸는 안보는 없다.

11. 이대도강과 희생

> 李·오얏 리　代·대신할 대　桃·복숭아 도　僵·넘어질 강
> － 자두나무가 복숭아나무를 대신하다 －
>
> 작고 사소한 것은 내주고 크고 소중한 것을 취하라

춘분에는 봄의 기운을 흠뻑 머금은 화사한 꽃들이 주변에 가득하다. 기온이 더 오르면 자두와 복숭아 꽃잎이 떨어지고 열매를 맺기 시작한다. 열매를 위해 꽃잎이 희생하는 이대도강이다.

전기는 손빈의 조언으로 경마에서 이겼고 손빈은 제나라 군사가 됐다

자두나무가 복숭아나무 대신 넘어지다

적전계 11계 이대도강은 자두나무(李: 오얏나무라고도 함)가 복숭아나무를 대신(代桃)해서 넘어진다(강)는 뜻이다. 이 고사의 원전은 송나라 곽무천이 편찬한 『악부시집(樂府詩集)』 상화가사 계명(鷄鳴)편에 나오는 시 구절이다. 이 시집에는 진나라에서 당나라까지 산발적으로 기록돼 전해지던 총 5,290편의

악부시가 수록돼 있다. 상화(相和)란 앞사람의 선창에 노래나 악기 연주로 화답하는 것이다.

여기에 "복숭아나무가 우물가에 자라났고(桃生露井上), 자두나무는 그 옆에서 자라났네(李樹生桃旁). 어느 날 벌레 한 마리 다가와 복숭아나무 뿌리를 갉아먹었네(蟲來齧桃根), 옆에 있던 자두나무가 복숭아나무를 대신해 자신의 몸을 주었네(李樹代桃僵). 한낱 나무들도 몸을 바쳐 대신하는데(樹木身相代), 인간의 형제들이 서로를 잊어서야 되겠는가(兄弟還相忘)"라고 돼 있다. 원래는 동고동락하는 형제의 우의를 비유했는데 나중에는 근본 목적(桃) 달성을 위해 작은 것(李)을 희생하는 전술로 발전했다.

유사한 의미로 장기의 전술인 주졸보차(丟卒保車: 졸을 버려서 차를 지킨다)가 있다. 큰 것을 위해 작은 것을 버린다는 뜻이다. 이때 전체 국면을 보는 것이 중요하다. 이대도강의 사례는 사마천이 쓴 『사기』의 손자·오기열전에도 실려 있다.

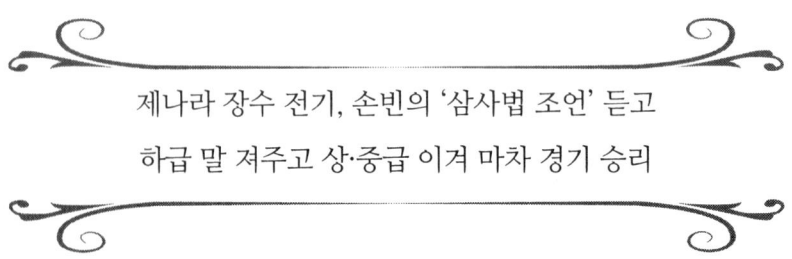

제나라 장수 전기, 손빈의 '삼사법 조언' 듣고
하급 말 져주고 상·중급 이겨 마차 경기 승리

전기장군 말 경주와 삼사법

　기원전 4세기 중엽, 제나라 장수 전기는 여러 공자들과 마차 경주로 내기하기를 좋아했다. 어느 날 손빈이 살펴보니 말들은 상·중·하 등급으로 나누어져 있었고, 같은 등급의 말은 달리는 속도가 비슷했다. 손빈은 전기에게 말했다. "장군의 하급 말과 상대방 상급 말을 겨루게 하고, 상급 말은 상대방 중급 말과, 중급 말은 상대방 하급 말과 겨루게 하십시오." 전기는 손빈의 말을 듣고 왕과 여러 공자들에게 금을 건 내기 마차 경주를 제안했다.
　전기는 3번의 시합에서 첫 번째는 지고 두 번째와 세 번째 경기를 이겨 많은 금을 받았다. 이 전술은 군사적으로 세 필의 말을 실력에 따라 상대 말에 맞춰 대결시킨다는 삼사법(三駟法)으로 발전했다. 전기는 손빈의 비범함을 알아보고 제나라 위왕에게 그를 추천해 군사로 삼게 했다. 손빈은 전기와 함께 위나라 방연을 계릉과 마릉전투에서 연이어 물리쳐 제나라를 강대국으로 만들었다.
　이대도강은 군사적으로 작은 손실을 감수하고 큰 승리를 거둔다는 의미다. 적이 우세하고 아군이 불리할 때 그 형세를 역전시키기 위해서는 지금 일부 희생을 감수하고 나중의 승리를 기약해야 한다. 제2차 세계대전 초기 영·불 연합군은 덩케르크 철수의 치욕을 노르망디 상륙으로 되갚았다.

2차 세계대전 독일군에 고립된 영·불 연합군
칼레·불로뉴 방어선으로 덩케르크 철수 성공
훗날 노르망디 상륙작전으로 치욕 되갚아

작은 패배로 큰 승리를 얻다

1940년 5월 독일군 중부기갑집단군사령관 보크는 프랑스와 벨기에 국경지대 방어선을 돌파하고 영국해협을 향해 서쪽으로 밀고 나갔다. 영·불 연합군은 둘로 갈라졌고 영국군은 퇴로를 차단당한 채 북부해안에 고립됐다. 영국군 사령관인 육군원수 고트 경은 덩케르크 항구와 인근 해안으로 철수 병력을 집결시켰다. 그는 남쪽 측면인 칼레와 불로뉴를 희생해 독일군 탱크들이 해안에 접근하지 못하도록 저지한 뒤 에스코강 방어선을 설정했다. 칼레와 불로뉴는 자두나무였고 덩케르크는 복숭아나무였다.

다행히 히틀러가 룬드슈테트에게 지상군 진격을 중지하라는 명령을 내려 독일군은 덩케르크 전방 16㎞ 지점에서 멈췄다. 이 틈에 영·불 연합군은 탱크·대포·중화기 등 모두를 포기한 채 몸만 간신히 탈출했다. 5월 28일부터 6월 2일까지 계속된 다이나모 작전에서 프랑스군 12만 명이 포함된 33만여 명은 무사히 영국으로 철수했다. 독일군이 4일 덩케르크를 점령했을 때는 부러진 복숭아나무만 있었다.

고트가 칼레와 불로뉴를 희생하고 덩케르크로 철수한 이대도강 전략은 영국 육군을 구했으며 훗날 노르망디 상륙작전의 기반을 마련했다. 사드로 잃는 조그만 손실을 안보라는 큰 복숭아나무에 비할 수는 없다. 2017년 7월에 상영한 영화 '덩케르크'에서 고트 장군의 이대도강을 엿볼 수 있다.

12. 순수견양과 허점

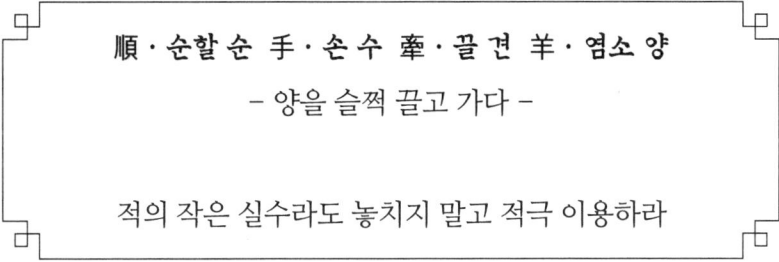

順·순할 순 手·손 수 牽·끌 견 羊·염소 양
- 양을 슬쩍 끌고 가다 -

적의 작은 실수라도 놓치지 말고 적극 이용하라

하늘이 맑은 청명(淸明) 봄나들이 코스로 대관령 양떼목장이 눈길을 끈다. 부드러운 능선에서 양들이 한가로이 풀을 뜯고 있는 모습이 정겹다. 양은 고대부터 전쟁을 앞둔 의식의 제물이나 전투 식량으로 활용됐다.

미세한 허점을 이용하라

적전계 12계 순수견양은 손에 잡히는(順手) 양을 슬쩍 이끌고 간다(牽羊)는 뜻이다. 기회를 틈타 양을 끌고 가듯 아무리 작은 이익이라도 놓치지 않는다는 말이다. 36계에 뱀과 호랑이 등 여러 동물 중 양이 가장 먼저 나오는 것은 중국인들이 옛날부터 양을 가장 큰 재산으로 생각해 왔기 때문이다. 양은 부자의 척도였고, 양고기는 고기 중 으뜸이었다. 1940년대까지 세금을 거둘 때 양 보유 수가 기준이었다. 전술적으로 양은 약점을 노출시킨 지역이나 허점을 말한다.

순수견양은 『고금잡극(古今雜劇)』에 수록돼 있는 원나라 작가 관한경의 '선편탈료(蟬鞭奪料)'에서 유래했다. 원문은 "我也不聽他說, 被我把右手帶住他馬, 左手揪着他眼札毛, 順手牽羊一般拈了過來了(아야불청타설 피아파우수대주타마 좌수추착타안찰모 순수견양일반념료과래료)"다. '나도 그의 말을 듣지 않은 체했다. 내 오른손은 그의 말을 잡고, 왼손은 그의 눈썹을 끌어당겼다. 마치 가는 길에 양을 끌고 가듯이 그도 나에게 붙잡혀 끌려 나왔다'는 뜻이다.

그리고 순수견양은 '微隙在所必乘 微利在所必得(미극재소필승 미리재소필득)'을 말한다. 이것은 적이 조그마한 틈이라도 보이면 놓치지 않고 적극 이용해 승기를 만들어낸다는 의미다. 만약 작은 실수나 허점이 없다면 만들어내야 한다. 이 전술은 적벽대전에 버금가는 비수대전(淝水大戰: 페이수이강 전투)의 승패를 갈랐다.

전진군 90만 대군 이끌고 동진 침략해오자
동진 사석 "비수에서 물러나주면 결전" 제안
일시 후퇴 전진군에 "패해서 후퇴" 유언비어
큰 혼란에 빠진 전진군 밀어붙여 격퇴시켜

동진, 비수에서 전진을 이기다

3세기 중엽 삼국을 다시 통일한 사마씨의 서진(西晉)은 양쯔강 이남 동진(東晉)으로 줄어들었다. 오호십육국(304~439) 중 저족(氐族: 티베트계 소수 민족)의 전진(前秦)이 황하 유역을 지배했기 때문이다. 383년 전진 왕 부견은 양쯔강 지류인 비수 상류의 전략적 요충지 수양을 점령했다. 동진의 장수 사석은 비수 건너편 팔공산에 병력을 배치했다. 전진군 90만 명에 비해 동진군은 5만 명에 불과해 상대가 되지 않았다.

사석은 다윗의 지혜를 빌렸다. 부견이 스스로를 과대평가하고 상대방을 얕잡아 보는 것을 이용하기로 했다. 부견에게 편지를 보내 "전진군이 비수에서 약간 물러나 주면 동진군이 건너가 결전을 내겠다"는 제안을 내놓았다. 부견은 동진군이 도하할 때 중간쯤에서 기습 공격할 의도로 일시적 후퇴를 명령했다. 그런데 전진군에 미리 침투해 있던 동진의 스파이들이 전진군이 졌다는 유언비어를 퍼뜨렸다. 동진군은 혼란에 빠진 전진군을 격멸했고 부견도 부상해 전진의 몰락을 초래했다.[6] 이처럼 순수견양은 불리한 상황에서 적에게 허점을 만들어 유리한 상황으로 반전시킴으로써 승리를 얻어냈다.

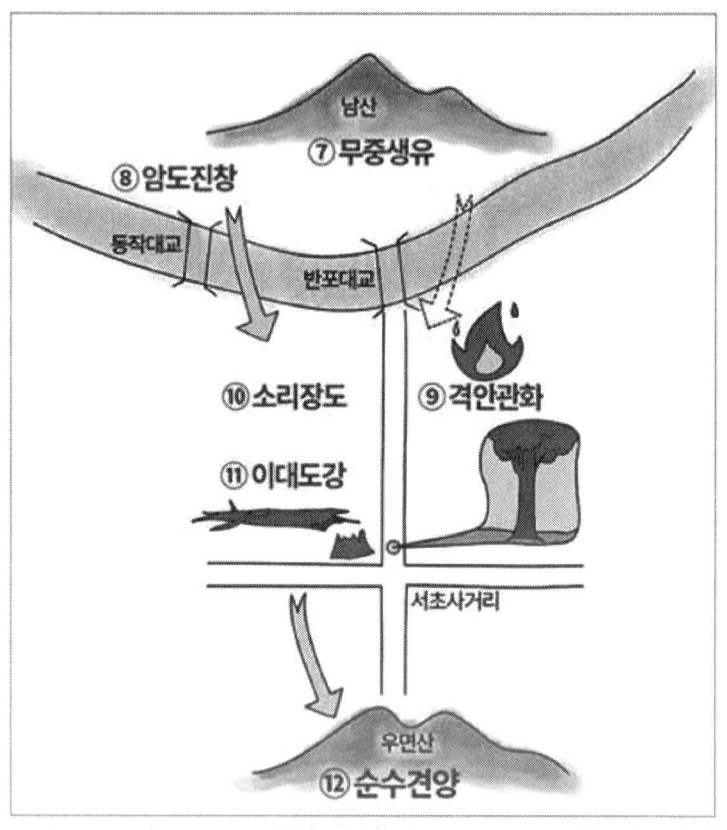

적전계로 남산에서 우면산 방향으로 반격할 때
무중생유부터 순수견양까지 이어지는 전술이다

---

6) 비수대전은 『이위공문대』 5장 '부견과 모용수' 편에서는 '사현지파견(謝玄之破堅)'의 사례로 인용됐다.

적전계로 우면산 공격

지금까지 2부 적전계를 알아보았다. 1부 승전계는 반포대교 남단으로부터 남산을 목표로 공격하는 상황을 그렸다. 적전계는 방향을 돌려 남산에서 방어하던 부대가 공세로 전환해 우면산 방향으로 반격하는 모습을 가상현실로 그려보자.

먼저 7계 무중생유(무에서 유를 창조)는 공격부대가 방어 때 손실된 전투력을 신속히 복원한다. 8계 암도진창(아무도 모르게 건너가 진창을 점령)은 공격부대가 반포대교 방향에서 도하작전을 하는 것으로 기만 후 동작대교 방향에서 공격한다. 9계 격안관화(강 건너 불을 바라봄)는 반포대교 남단 한강공원 일대 포격으로 화공을 펼쳐 방어부대의 혼란 상황을 지켜본다.

10계 소리장도(웃음 속에 칼을 숨김)는 국립중앙도서관 일대 서리풀 공원에서 잠시 공격을 멈춰 방어부대를 어리둥절하게 만든다. 11계 이대도강(자두나무가 복숭아나무를 대신해서 넘어짐)은 공중 폭격으로 서초 고갯길 옆 몽마르뜨 공원 자두나무가 서초사거리 보호수인 수령 880년인 향나무를 대신해 쓰러졌다.[7] 12계 순수견양(손에 잡히는 양을 슬쩍 이끌고 감)은 이러한 방어부대의 혼란한 틈을 타서 공격부대는 우면산 목표를 점령한다.

독자들은 각각의 계를 독립적으로 보지 말고 여러 계를 함께 묶어야 한다. 이런 능력이 모여 예측 불허 전장 상황에서 신속한 조치가 가능하겠다.

---

7) 이 향나무 '천년향'은 18mfh 수령이 879년으로 추정되는 서울에서 가장 오래된 향나무이자 보호수다.

제3부

적을 끌어낼 때

공전계

- 타초경사와 억지전략
- 차시환혼과 실리
- 조호이산과 세력약화
- 욕금고종과 국익
- 포전인옥과 유인
- 금적금왕과 중심

제3부

적을 끌어낼 때 공전계

13. 타초경사와 억지전략

> 打·때릴 타 草·풀 초 驚·놀랄 경 蛇·뱀 사
> - 수풀을 쳐 뱀을 놀라게 하다 -
>
> 적의 속셈을 미리 파악해 화를 미연에 방지하라

해마다 3월이면 대규모 한미연합 훈련인 독수리 훈련과 함께 연합지속지원훈련이 실시된다. 북한의 중장거리 탄도미사일 발사와 화학무기 사용에 대한 예방적 선제타격 훈련 등을 다양하게 실시한다. 안보 위협에 대한 경고로서 타초경사다.

예방적 선제공격과 억지선략은 타초경사 전술의 효과직 수딘이다

수풀을 쳐 뱀을 놀라게 하다

36계 3부 공전계(攻戰計)는 반드시 나를 알고 상대를 알아야 하는 전술이다. 전투에서 공격 기회를 주도적으로 만들어내라는 뜻이다. 13계 타초경사(打草驚蛇)부터 조호이산(調虎離山) 등을 거쳐 18계 금적금왕(擒賊擒王)으로 이어진다. 핵심은 중심격파(中心擊破)·차세(借勢) 등이다.

적을 끌어낼 때 공전계 *71*

13계 타초경사는 수풀을 쳐(打草) 뱀을 놀라게(驚蛇) 하는 것이다. 상대 반응을 살피거나 미리 경고한다는 의미다.[8] 이 표현은 당(唐)나라 학자 단성식(段成式)의 수필집 『유양잡조(酉陽雜俎)』에 실려 있다. 이 책은 30편 20권으로 구성됐는데 뱀이나 호랑이 등 동물의 독특한 특성들이 가득 담겨 있다.

『칼을 품은 미소』는 당나라 때 뇌물을 탐하는 영주의 사례를 들었다. 고을 사람들이 영주의 부패를 직접 연관시키지 않고 부영주 1명을 고발하는 탄원서를 냈다. 영주가 부패했다는 증거가 부족해서 직접 공격은 화를 자초할 수 있기 때문이었다. 영주는 탄원서를 읽으면서 자신의 과오를 알리는 내용임을 알고 붓을 들어 8자를 적어 답했다. "여수타초 오이경사(汝雖打草 吾已驚蛇: 너는 비록 풀밭을 쳤지만 나는 이미 놀란 뱀과 같도다)". 놀란 뱀이 모습을 드러내듯 스스로 잘못을 인정한 표현이었다. 일본의 전설적인 무사 미야모토 무사시는 『오륜서(五輪書)』에서 타초경사를 '움직이는 그림자'에 비유했다.[9]

적의 의도를 미리 알아내다

이 병서는 17세기 중엽 일본 전국시대 때 집필됐다. 주요 소재는 칼싸움에서 상대를 먼저 베는 검법이다. 자연의 땅·물·불·바람·하늘 5개 특성을 바탕으로 심신을 단련하는 전술을 제시했다.

---

8) 이런 행위를 겁박(劫迫)이라고 한다. '위협하고 핍박하다'의 뜻으로 상대를 자신의 뜻대로 따르도록 강요하는 것을 의미한다. 겁은 '힘'의 뜻인 力과 去가 더해진 글자다.
9) 김경준, 『내 나이 마흔, 오륜서에서 길을 찾다』(서울: 원앤원북스, 2012), p. 171.

그는 3장 '불의 장'에서 타초경사를 "대규모 전투에서 적군의 상황을 헤아리기 어려울 때는 아군을 움직여 선제공격하는 척 한다. 그런 후 어떠한 전술로 대응하는지 살펴 적군의 의도를 파악한다. 그런 다음 적절한 대응책을 마련해 적군을 쓰러뜨리는 것"이라고 했다.

그리고 형세를 파악해 선제공격하거나 적을 심리적으로 동요시켜 의지를 꺾을 것을 강조했다. 여기에서 핵심은 적 속셈을 미리 알아내는 것이다. 이 전술은 적의 강점이나 전술을 잘 모를 때 전면 공격보다 정찰과 연속적 소규모 공격을 통해 이를 파악하는 것이 중요하다. 오륜서에 담긴 여러 지혜는 다음 기회에 살펴보기로 하겠다. 타초경사는 군사적으로 징후가 명확히 포착될 경우 예방적 선제공격이나 억지전략에 적용되고 있다.

이스라엘, 이라크 원자로 가동 움직임에 기습 폭격
인접 아랍국 핵 보유 징후 보이면 즉각적 군사행동
모사드는 이란 핵 관련 시설 파괴 등 핵 보유 방해

예방적 선제공격과 억지전략

이스라엘은 중동의 화약고에서 생존하기 위해 안보에는 어떠한 양보도 하지 않는다. 1981년 6월 이스라엘군은 이라크의 오시락 원자로를 기습 폭격했다. 그해 7월로 예정된 원자로 가동에 앞선 예방적 선제공격이었다. 원자로가 가동된 후 폭격할 경우 방사능 오염이 우려됐기 때문이다. 2007년 9월에는 시리아 핵시설로 의심되는 건물을 폭격했다. 이스라엘은 인접 아랍 국가들이 핵을 보유할 징후가 보이면 안보에 중대한 위협으로 인식하고 즉각 군사행동에 나섰다.

이스라엘 비밀정보기관 모사드는 미국 CIA·영국 MI6과 함께 2000년대 이란에서 핵과학자 암살과 관련 시설 파괴 등 공작 활동을 통해 이란 핵능력 완성을 방해했다. 2010년에는 컴퓨터 바이러스 스턱스넷으로 이란 나탄즈 원심분리기 시설과 부세르 원전에 막대한 피해를 줬다.

수풀을 쳐 뱀을 놀라게 하는 억지전략이 통하지 않으면 최후 수단으로 독사를 죽일 때 머리를 치는 타두살사(打頭殺蛇)가 있다. 북한의 계속되는 도발을 응징하기 위해서는 우리의 결연한 의지가 필요하다. 그리고 중국 언론은 사드 배치를 놓고 '살계경후(殺鷄傾猴: 닭을 죽여 원숭이를 훈계하다)'란 표현을 썼다. 곡예장의 원숭이가 재주를 부리지 않자 주인이 닭의 목을 쳐 공포로 원숭이를 길들였다는 고사에서 나온 말이다. 중국이 변한 것이 아니라 우리가 잘못 본 탓이다.

14. 차시환혼과 실리

借·빌릴 차 屍·주검 시 還·돌아올 환 魂·넋 혼
- 남의 시체를 빌려 혼을 불어넣다 -

이용 가능한 건 무엇이든 활용해 원하는 것 얻어라

 김정은의 잘못된 행동들이 무척 우려스럽다. 2017년 2월 김정남을 제거하면서 인류에게 사용 금지된 화학무기인 신경작용제 VX를 사용했다. 이러한 체제 반대 세력 암살은 차시환혼 전술을 구사하는 여러 수단 중 하나다.

호찌민은 자신의 죽음을 빌려 베트남 독립과 자유라는 혼을 불어넣었다

타인의 시체를 빌려 뜻을 이루다

공전계 14계 차시환혼은 남의 시체를 빌려서(借屍) 혼을 불어넣는다(還魂)는 뜻이다. 屍는 겉으로 드러나는 명분이며 魂은 안으로 얻고자 하는 실리다. 역사적으로 많은 사람이 권력을 얻어야 할 때 타인의 시체를 빌려 뜻을 이루었다. 전쟁에서는 적이 생각지 못한 전술을 사용해 주도권을 잡는 전술로도 활용됐다.

'차시환혼'은 원나라 악백천(岳伯川)의 잡극 '여동빈도철괴리(呂洞賓度鐵拐李)'에서 유래됐다. 여동빈과 철괴리는 도교의 여덟 신선에 속하는데 여동빈이 철괴리로 환생하는 이야기다. 도(度)는 깨닫거나 번뇌에서 해탈한다는 뜻이다. 잡극의 줄거리는 다음과 같다. 장생불사의 도를 닦은 이현이라는 사람이 죽으면서 제자에게 7일 이내 돌아올 테니 시신을 보존하라고 했다. 그런데 제자는 6일째 되던 날 어머니가 위독하다는 소식을 들었다. 제자는 효(孝)와 의리 사이에서 고민하다 이현의 시신을 불태워 버리고 어머니에게 갔다. 이현의 혼이 7일째에 돌아왔을 때는 이미 자신의 시신은 사라지고 없었다. 그는 할 수 없이 죽은 거지의 몸을 빌려 환생한 후 신선이 됐다.

이런 내용을 담은 사찰 벽화에서 철괴리는 철지팡이를 짚고 손에 호로(葫蘆)를 든 추한 모습으로 그려져 있다. 호로는 액(厄)을 막아주는 선약(仙藥)이 담긴 호리병이다. 철괴리는 거지 몸을 빌려 환생했으나 철종은 세도정치에 휘말린 꼭두각시였다.

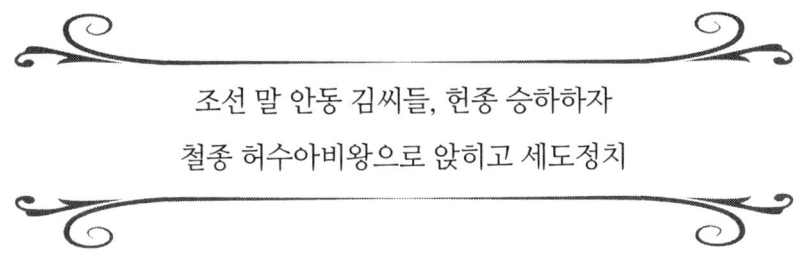

조선 말 안동 김씨들, 헌종 승하하자
철종 허수아비왕으로 앉히고 세도정치

살아있는 시체로 세도정치

　조선 말은 세도정치가 뒤흔든 차시환혼이었다. 근대 조선을 꿈꾸던 정조의 갑작스러운 죽음으로 권력은 안동 김씨들에게 넘어갔다. 1849년 6월 헌종이 후계자 없이 23년의 짧은 생을 마감했다. 경종 이후 지속적인 당쟁과 세도정치를 거치면서 헌종의 6촌 이내 왕족은 단 1명도 남아있지 않았다. 대왕대비 순원왕후는 '강화도령'으로 불리는 원범을 헌종 후계자로 지명했다.

　더벅머리 총각 원범은 얼떨결에 조선 25대 왕 철종이 됐다. 안동 김씨 세도정치는 허수아비 왕을 방패 삼아 극성을 부렸다. 안동 김씨들에게 뇌물을 주고 벼슬을 청탁하는 사람이 들끓었고 매관매직이 성행했다. 세도정치에서 파생된 정치 기강 문란과 부정부패의 폐해는 고스란히 힘없는 백성 몫이 됐다. 철종 시대에 진주와 전주 등 삼남 지방에서 대규모 농민항쟁이 일어난 것은 정치의 부패가 백성들의 삶을 더욱 힘들게 만들었기 때문이다. 그 결과 조선은 분열되고 일제 지배를 받게 됐다.

반면 베트남은 호찌민의 "단결하라"는 유언을 차시환혼의 명분으로 삼아 독립전쟁에서 승리했다.

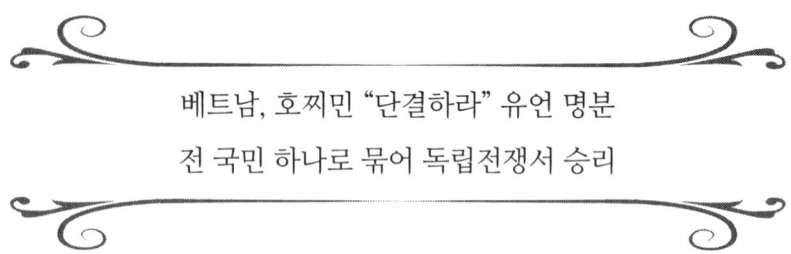

베트남, 호찌민 "단결하라" 유언 명분
전 국민 하나로 묶어 독립전쟁서 승리

자유와 독립 혼으로 단결

1945년 8월부터 시작된 베트남전쟁은 호찌민 전쟁이었다. 호찌민은 1969년 9월 3일 심장마비로 사망했다. 그가 죽은 후 전쟁 지도부의 반목과 대립이 예상됐다. 미국 정부의 동아시아 담당자는 '하노이의 여러 세력이 권력을 잡기 위해 서로 다투고 있다'고 언급했다. 이들이 친중·친소파로 분열돼 일관된 전쟁 수행이 어려울 것이라고 분석했다.

그러나 이러한 분석과는 달리 하노이 지도자들은 일치된 모습을 보였다. 정치국 제1서기 레 두안과 수상 팜 반 동 및 국방장관 보 응우옌 잡 등 11명은 단결했다. 이들은 농촌과 산골을 돌아다니며 재건에 힘썼다. 밖으로는 미국과 평화회담을 통해 미군 철수를 노렸다. 안으로는 군사력 건설에 매진해 1972년 4월 춘계 대공세 이후 평화협정을 체결했다.

호찌민은 죽어서도 베트남 통일을 지켜보겠다고 했다. 베트남 민족에게 호 아저씨·큰아버지로 불리는 그에게는 오직 하나의 명분 "쯔엉선 산맥이 불타 다 없어지는 한이 있더라도 우리는 반드시 독립과 자유를 쟁취해야 한다"뿐이었다. 그가 사망했을 때 남긴 유산은 옷 몇 벌과 지팡이 하나뿐이었다. 차시환혼 명분이 지혜로우면 나라가 살고 사사로운 실리만 쫓으면 나라가 망한다.

15. 조호이산과 세력 약화

> **調 · 고를 조　虎 · 호랑이 호　離 · 떠날 리　山 · 뫼 산**
>
> － 호랑이를 산에서 유인해 내다 －
>
> 적의 유리한 조건 제거, 힘 약화시킨 후 제압하라

2017년 1월 백두산 호랑이 두만이가 100년 만에 백두대간 품으로 돌아왔다. 지금은 봉화 백두대간 수목원 호랑이 숲에서 적응훈련 중이다. 호랑이가 산을 떠나면 토끼가 되는 노림수가 조호이산이다.

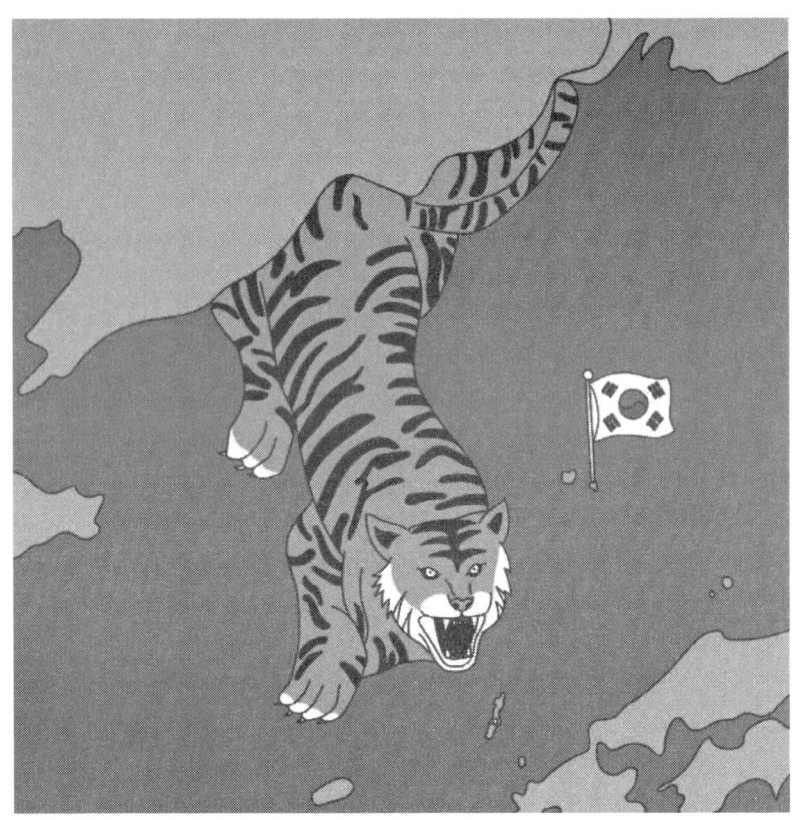
한반도의 형상은 대륙을 딛고 해양을 향해 포효하는 호랑이 모습이다.

강한 적의 유리한 조건을 제거

공전계 15계 조호이산은 호랑이를 유인해(調虎) 산에서 끌어 내다(離山)는 뜻이다. 調는 강적을 그들에게 불리한 지역으로 유인하는 것이며 虎는 강적이다. 離는 떠나도록 하는 것, 山은 강적이 점거하고 있는 유리한 지형이나 조건을 말한다. 이 말은 춘추시대 관중(기원전 725~645)이 쓴 『관자』에서 유래됐다.

이 책 24권 86편에는 정치의 근본 원리와 군사전략 원칙 등이 담겨 있다. 관중은 재상으로서 환공을 보필해 제(齊)나라를 최강국으로 만들었다.

조호이산 전술은 위정자의 자세와 통치방법을 서술한 2편 「형세」를 기초로 만들어졌다. 여기에 '蛟龍得水而神可立也(교룡득수이신가입야) 虎豹託幽而威可載也(호표탁유이위가재야)'라고 했다. 교룡은 물을 얻어야 신령한 위엄을 세울 수 있고, 호랑이와 표범은 심산유곡에 머물러야 위엄을 떨칠 수 있다는 말이다. 유(幽)는 깊고 그윽한 삼림인데 호랑이가 여기를 떠나도록 만들어야 그 위엄이 사라진다는 전술로 발전했다.

그 이유는『관자』7편「해언」'형세해(形勢解)'에 구체적으로 설명돼 있다. 여기에 '虎豹居深林廣澤之中(호표거심림광택지중) 則人畏其威而載之(즉인외기위이재지)'라고 했다. 호랑이와 표범은 깊은 산림과 넓은 늪지에 살아야 사람이 그 위세를 두려워하며 존중한다는 뜻이다. 이탈리아 통일은 전투함을 유인해 내는 조호이산으로 시작됐다.

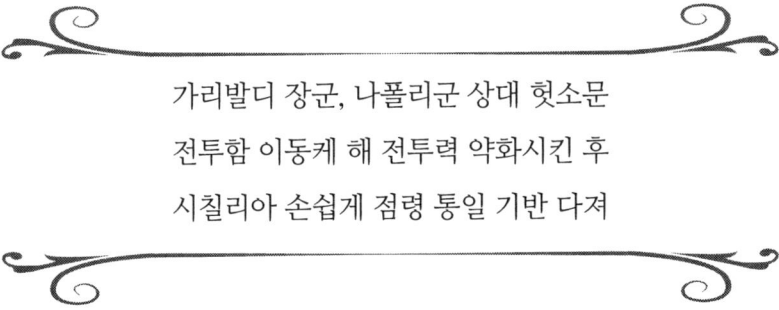

가리발디 장군, 나폴리군 상대 헛소문
전투함 이동케 해 전투력 약화시킨 후
시칠리아 손쉽게 점령 통일 기반 다져

호랑이를 유인해 이탈리아 통일

　이탈리아 북서부 알프스산맥 산자락에 토리노가 있다. 이곳에 가면 이탈리아 통일의 주역인 알프스 호랑이 가리발디 장군 동상이 곳곳에 있다. 그는 1859년 에마누엘레 2세가 이끄는 이탈리아 통일전쟁에 참가했다. 그는 1860년 5월 의용병인 붉은셔츠부대원 1,000명을 이끌고 시칠리아섬 서부 해안 마르살라에 상륙했다. 이때 가리발디는 나폴리군이 전투함을 갖고 있다는 사실을 알았다. 그는 이들을 유인하기 위해 교황을 공격하려 한다는 허위 소문을 퍼뜨렸다. 나폴리군은 가리발디에게 속아 교황을 보호하기 위해 마르살라 항구에 있던 전투함을 로마로 보냈다. 이로 인해 나폴리군은 전투력이 약화됐고 붉은셔츠부대는 한 명의 손실도 없이 쉽게 시칠리아를 점령했다.

　가리발디는 이어 이탈리아 남부 칼라브리아와 나폴리 지방을 점령한 후 이곳을 빅토르 에마누엘레 2세에게 봉헌해 통일의 기반을 다졌다. 가리발디는 조호이산 전술로 나폴리군 전투함을 시칠리아에서 떠나도록 해 이길 수 있었다. 20세기 초 일본은 이 전술을 본떠 한반도 지도 모양을 바꿈으로써 한민족의 호랑이 기운을 빼앗으려 했다.

일제의 한민족 호랑이 기세 빼앗기

110년 전인 1907년 7월 24일 일본은 대한제국과 정미7조약을 맺었다. 을사늑약으로 외교권을 빼앗은 후 대한제국 정부에 일본 관리들이 진출했다. 고종은 강제 퇴위되고 일제가 법령제정권과 행정권 등을 차지했다. 일제는 순종을 황제 자리에 앉히고 창경궁을 창경원으로 이름을 바꿨다.

이보다 앞선 1903년 일본 지질학자 고토 분지로는 한반도 형상은 중국을 향해 네 발을 모으고 일어선 토끼 모양이라고 말했다. 이러한 일제의 우리 민족정기 말살 시도에 여러 애국지사가 맞섰다. 육당 최남선은 1908년 『소년』지 창간호에 한반도 형상을 호랑이로 그려 이 주장에 대항했다. 1921년 12월 민족운동가 남궁억은 우리나라의 형상을 일본을 향해 포효하는 맹호로 표현한 '조선지리가'를 작사했다.

최근 '독도는 일본 땅' 주장이 심각하다. 지난 2월 일본 정부는 영토 왜곡 교육을 의무화하는 학습지도요령을 공식 고시했다. 1904년 러일전쟁 때 강제로 영토에 편입해 놓고는 자신들이 독도의 주인이라고 역사교과서를 통해 교육하고 있다. 한반도의 지정학적 기세는 대륙과 해양을 향해 동시에 포효(咆哮)하는 호랑이였다. 나라가 어려울 때 백두대간 두만이의 울음소리가 큰 힘이 된다.

16. 욕금고종과 국익

> 欲·하고자 할 욕　擒·사로잡을 금　故·옛 고　縱·놓을 종
> - 잡고자 하면 일부러 놓아 준다 -
>
> 먼저 마음 얻어야 성공… 갖고 싶으면 먼저 줘라

　　1951년 4월 화사한 벚꽃이 지고 철쭉이 움틀 때, 중공군의 6차 공세는 실패로 돌아가고 전선은 38도선 원점으로 돌아갔다. 휴전협상이 시작됐고 포로 송환 합의가 가장 큰 쟁점이었다. 이승만 대통령은 반공포로를 풀어 주고 한미상호방위조약을 체결하는 욕금고종의 기지를 발휘했다.

거제도 수용소 포로들은 교회 앞 '자유의 여신상'에서 자유의 품을 그렸다

잡으려면 일부러 놓아 준다

공전계 16계 욕금고종은 잡고자 하면(欲擒) 일부러 놓아 준다(故縱)는 뜻이다. 欲은 하고자 하는 뜻이며 擒은 사로잡는다는 말이다. 잡는 것(擒)은 목적이고 놓아주는 것(縱)은 수단이다. 이 전술은 노자의 『도덕경』 36장에 나온다. '將欲歙之 必固張之(장욕흡지 필고장지) 將欲弱之 必固强之(장욕약지 필고강지) 將欲廢之 必固興之(장욕폐지 필고흥지) 將欲奪之 必固與之(장욕탈지 필고여지)'다. 장차 오므리고 싶으면 반드시 그것을 펴주고, 장차 약하게 하고 싶으면 반드시 그것을 강하게 만들어준다. 장차 없애고 싶으면 반드시 그것을 일으켜 세우고, 장차 그것을 빼앗고 싶으면 반드시 그것을 준다는 뜻이다.

노자 사상을 계승한 귀곡자도 『본경』 10편 '모려(謀慮: 은밀하게 계책을 세움)'에서 '去之者從之 從之者乘之(거지자종지 종지자승지)'라고 했다. 누군가를 제거하려면 반드시 그가 하고 싶은 대로 하도록 내버려 두었다가 방심이 극에 이를 때 일거에 제거한다는 뜻이다. 상대를 우쭐하게 만든 뒤 때를 기다리고 있다가 결정적인 시기가 왔을 때 일거에 뒤엎는 전술이며, 상대방의 마음을 얻을 때까지 기다리는 경우에도 활용된다. 『칼을 품은 미소』는 제갈량이 맹획을 일곱 번 놓아주고 마음을 얻은 사례를 들었다.

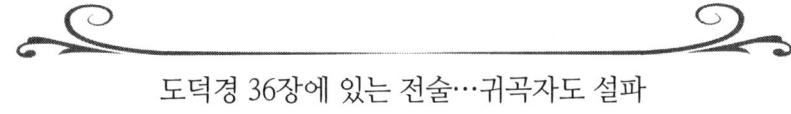

도덕경 36장에 있는 전술…귀곡자도 설파
제갈량, 맹획 7번이나 잡고 풀어줘 '내 사람'으로

일곱 번 놓아주고 마음을 얻다

225년 5월 삼국시대 초기 촉나라 제갈량은 중국 남서쪽 남만(南蠻: 오늘날 윈난성) 정벌에 나섰다. 첫 전투에서 남만 왕 맹획을 포로로 잡았다. 제갈량이 원한 것은 군사적으로 남만을 정복하는 것이 아니라 그들이 마음으로 승복하도록 하는 것이었다. 그래서 잡힌 맹획에게 항복해 촉나라에 충성하라고 설득했지만, 그가 승복하지 않자 풀어주었다. 맹획은 다시 공격을 준비했다. 그런데 이번에는 맹획의 부하가 그를 붙잡아 제갈량에게 바쳤다. 맹획은 항복 요구를 거절했고 제갈량은 그를 다시 풀어주었다.

그 다음 맹획의 동생 맹우가 공격했으나 포로가 되었고, 부하 동주가 맹획을 잡아 제갈량에게 넘겼으나 또 풀어주었다. 남만군대는 일곱 번째 전투에서 거의 전멸하고 말았다. 결국, 맹획은 진심으로 촉나라에 충성할 것을 맹세하고 지배에 승복했다. 제갈량은 그에게 남만 자치권을 부여하고 북벌에 나설 수 있었다. 넓은 땅을 지배하는 것보다 사람 마음을 얻는 것이 더 중요했기 때문이었다. 이승만 대통령은 반공포로를 놓아주고 한미 상호방위조약을 얻었다.

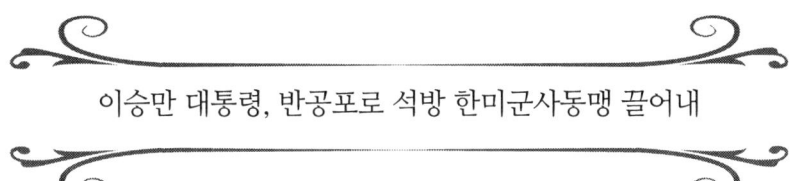

이승만 대통령, 반공포로 석방 한미군사동맹 끌어내

반공포로 석방 노림수

1951년 5월 미국 정부는 전쟁을 조기에 종결하려 했고 공산 측도 6차 공세 이후 막대한 인적·물적 손실을 입어 양측은 휴전 협상에 들어갔다. 1951년 12월부터 논의되기 시작한 포로 문제는 1953년 6월에야 송환 합의에 이르렀다. 전선에서는 치열한 소모전이 이어졌고 거제도 포로수용소에서는 또 다른 포로전쟁이 계속됐다.

국군과 유엔 포로는 10만여 명, 북한군과 중공군 포로는 17만여 명이었다. 휴전협상에서 포로 문제의 걸림돌은 송환 거부 포로 처리에 대한 유엔군과 공산 측의 대립이었다. 1953년 6월 18일 새벽, 이승만 대통령은 반공포로 2만7000여 명을 기습적으로 석방했다. 휴전협상에서 유엔군과 공산 측이 한국 정부의 반대를 무시하고 송환 거부 포로 처리에 합의했기 때문이었다.

반공포로 석방에는 이승만의 숨은 의도가 있었다. 대내적으로는 '이승만 정부는 미국의 괴뢰정부'라는 공산주의자들의 선전을 불식시키고, 대외적으로는 휴전 후 안전보장과 경제원조를 확보하는 것을 염두에 뒀다. 가장 큰 노림수는 휴전 전

미국과 군사동맹조약을 체결하는 것이었다. 1953년 10월 1일 한미상호방위조약이 체결돼 오늘에 이르는 것은 욕금고종의 결실이다.

반공포로가 석방된 6월 18일이 '반공의 날'임을 아는 이는 드물다. 반공은 이념보다 생존을 위한 안보의식이다. 욕금고종이 던지는 인생의 지혜는 갖고 싶으면 먼저 주라는 것이다. 승리든 성공이든 먼저 마음을 얻어야 한다.

17. 포전인옥과 유인

拋·던질 포　磚·벽돌 전　引·끌 인　玉·구슬 옥

- 벽돌을 던져 구슬을 얻다 -

작은 미끼로 적을 유인해 큰 이익을 얻어내라

트럼프 대통령의 거침없는 말에는 숨은 의도가 있다. 그의 '거래의 기술'은 작은 대가를 지불하고 커다란 이익을 얻는 데 있다. 전투에서 상황이 불리하거나 적의 정황이 안개 속에 있을 때 작은 희생으로 큰 승리를 얻는 포전인옥 전술이 유용하다.

미 해군은 허위무전 벽돌로 일본 해군을 격침해 전세를 역전시켰다

벽돌을 던져 구슬을 얻다

공전계 17계 포전인옥은 벽돌을 던져서(抛磚) 구슬을 얻는다(引玉)는 뜻이다. 抛는 '던지다', 전은 '벽돌', 引은 '가져오다', 玉은 '구슬'을 의미한다. 벽돌은 작은 이익을 가져오는 미끼이며 구슬은 큰 승리다. 따라서 벽돌을 버리는 것은 수단이고 구슬을 가져오는 것은 목적이다. 이 전술은 11세기 초 송나라 고승 도원이 쓴 『경덕전등록』 권10에 나온다. 원문은 '抛磚引玉 尙得墜子(포전인옥 상득추자)'이며 벽돌을 던져 옥구슬을 끌어

들이려 했으나 오히려 귀걸이 정도만 얻었다는 뜻이다. 추자는 귀에 걸면 귀걸이, 목에 걸면 목걸이가 되는 장식품이다.

포전인옥에 관한 다른 일화는 『역대시화(歷代詩話)』에 실려 있다. 당나라 조하는 시적 재능이 매우 뛰어났다. 이때 상건이라는 시인이 조하의 시를 매우 좋아했다. 상건은 조하의 시흥을 이끌어내기 위해 소주(蘇州) 영암사에 미완성 시구 두 구절을 적어놓았다. 조하는 예상대로 두 구절 시를 덧붙여서 오언율시 한 수를 완성했다. 상건은 자신의 낮은 시재(詩才)를 이용해 뛰어난 문재(文才)를 지닌 조하의 글을 이끌어낸 셈이다. 이를 두고 사람들이 "벽돌을 던져서 옥구슬을 끌어들였다"고 말한 것이 포전인옥의 유래다.

이처럼 이 전술은 일상생활에서 좋은 의견과 아이디어를 얻는 것에 비유되고, 군사적으로는 적을 유인하고 정보를 알아내는 데 활용됐다. 작은 미끼를 던지고 거기에 걸려든 적을 공격해 더 큰 승리를 얻어내는 전술이다. 거란군은 포전인옥으로 당나라군을 유인해 격멸했다.

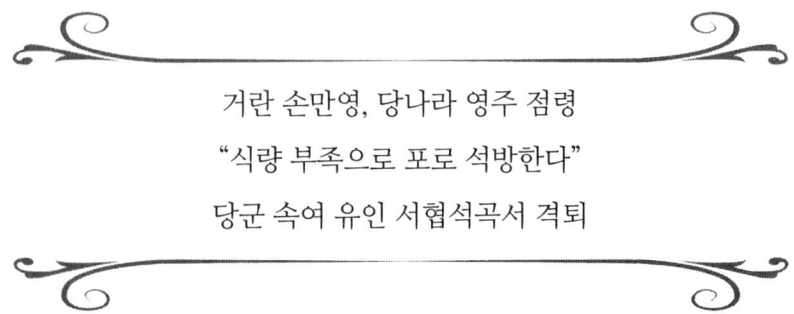

거란 손만영, 당나라 영주 점령
"식량 부족으로 포로 석방한다"
당군 속여 유인 서협석곡서 격퇴

당나라군 유인 격멸

　서기 696년 거란의 손만영은 흉년이 들자 당나라에 반기를 들고 영주(오늘날 차오양)를 점령했다. 당 황제 무측천은 장현우와 조인사로 하여금 영주를 되찾고 거란을 평정하도록 했다. 거란군은 당나라군의 우세한 전투력에 영주를 내주고 포전인옥 전술을 모색했다. 손만영은 영주에서 잡은 당나라군 포로들을 풀어주면서 식량 부족 때문에 석방한다고 했다. 풀려난 포로들이 돌아와 거란군은 식량 부족으로 굶주리고 있다고 했다. 손만영은 휘하 병졸 중에서 늙고 허약한 자들을 일부러 당나라 군영으로 도망치게 해 이 사실을 믿게 만들었다.

　당나라군 장현우는 투항한 거란군을 앞세우고 손만영을 공격하기 위해 가다가 서협석곡에서 참패를 당했다. 다음 해 3월 손만영은 장현우가 쓴 것처럼 꾸민 거짓 편지를 조인사에게 보내 당나라군을 유인하여 무찔렀다. 거란군은 식량 부족이라는 가짜 벽돌을 던져 당나라군을 이겼다. 미군은 태평양 전쟁에서 일본군 함대 위치 파악을 위해 허위무전이라는 벽돌을 던졌다.

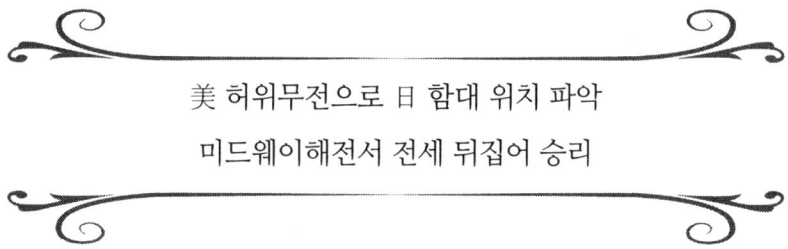
美 허위무전으로 日 함대 위치 파악
미드웨이해전서 전세 뒤집어 승리

허위무전 벽돌로 미드웨이 해전 승리

　1937년 일본은 중일전쟁을 일으킨 후 전쟁이 예상보다 길어지자 부족한 자원을 확보하기 위해 동남아시아를 침략했다. 미국은 일본에 석유 수출을 금지했고 일본군은 1941년 12월 진주만을 기습했다. 미 해군은 1942년 4월 말부터 일본군 암호를 부분 해독하기 시작했다. 그들은 일본군이 태평양 해역에서 대규모 공세를 취할 것이라는 징후를 포착했다. 그러나 이 작전이 언제 어디서 전개될 것인가는 몰랐다. 일본군 암호에 자주 등장하는 AF가 공격 목표로 판단됐으나 어느 곳을 뜻하는지는 알 수가 없었다.

　태평양함대 사령관 니미츠 제독은 각종 정보를 분석한 결과 하와이 인근 미드웨이섬일 것이라고 판단했다. 5월 중순 첩보대 장교 야스퍼 홈스가 기만작전을 구상했다. 미드웨이와 오하우섬 중간에 깔린 해저 케이블로 '미드웨이섬 해수 정화 장치 고장으로 식수 부족'이라는 긴급 위장 보고를 평문으로 하게 했다. 일본 함대의 위치(구슬)를 찾아내기 위해 허위무전(벽돌)을 보낸 것이다. 이 전문은 일본군 점령지인 웨이크섬의 통신부대에 감청됐고, 일본군은 본국 보고 때 미드웨이를 지칭하는 암호 AF를 그대로 사용했다. 드디어 미 해군 통신정보대는 AF가 미드웨이임을 알아냈다. 1942년 6월 미군은 미드웨이해전에서 전투기를 이용한 바다 위 공중전으로 전세를 뒤집었다. 미군의 허위무전 벽돌 한 장이 일본 해군을 격침한 것이다.

18. 금적금왕과 중심

擒·사로잡을 금 賊·도둑 적 擒·사로잡을 금 王·임금 왕
- 적을 잡으려면 왕부터 잡는다 -

적 핵심 수뇌부 먼저 제거 '이빨 빠진 호랑이로'

 김정은의 좌충우돌 도발 노림수를 꺾어야 한다. 특수전사령부는 올해 유사시 북한군 전쟁지도부 제거 임무를 수행할 특수임무여단을 창설할 예정이다. 적 장수를 잡으려면 먼저 그 말을 쏘는 전술이 금적금왕이다.

적을 잡기 전에 먼저 왕부터 잡는다

 공전계 18계 금적금왕은 '적을 잡으려면(擒賊) 먼저 왕을 잡는다(擒王)'라는 뜻이다. 이 말은 중국 당나라 시인 두보(712~770)의 「출새곡(出塞曲)」 가운데 '전출새(前出塞)'라는 시에서 유래했다. 원문은 '활을 당기려면 강한 활을 당기고(挽弓當挽強) 화살을 쓰려면 마땅히 긴 것을 써야 한다(用箭當用長). 사람을 쏘려면 먼저 그 말을 쏘고(射人先射馬) 적을 잡으려면 먼저

그 왕을 잡아라(擒賊先擒王)'다. 적 장수를 잡으면 적 전체 병력을 무너뜨릴 수 있으므로 싸움에서는 우두머리를 먼저 잡는 것을 목표로 해야 한다는 뜻이다. 두보는 배를 타고 양쯔강 일대를 떠돌아다니는 표박(漂泊)을 하면서 이 시를 썼다. 그는 남이 나를 침략하거나 내가 남을 침략하는 것을 반대하는 평화주의자였다. 여기에서 적(賊)은 공격이나 방어 목표를, 왕(王)은 지휘관이나 사기 등을 말한다.

『칼을 품은 미소』는 화살 한 발로 포위를 푼 사례를 들었다. 756년 중국 지원현에서 윤자기가 반란을 일으켜 현감이었던 장순을 포위했다. 장순은 야간 기습 공격으로 윤자기군 대부분을 살상했다. 그런데 윤자기를 찾을 수 없자 궁수들에게 잔적들을 향해 화살 대신 나뭇가지를 쏘게 했다. 그러자 윤자기는 장순이 화살이 모두 떨어졌다고 판단하고 역습을 지시했다. 이 모습을 본 장순은 진짜 화살로 윤자기의 왼쪽 눈을 맞혀 반란을 진압할 수 있었다. 북한의 대남도발에서 대통령 암살 시도도 금적금왕 전술이었다.

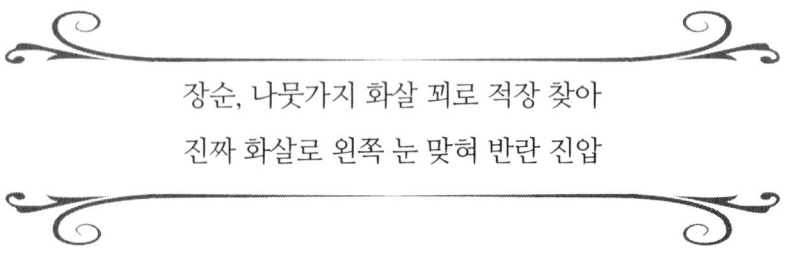

장순, 나뭇가지 화살 꾀로 적장 찾아
진짜 화살로 왼쪽 눈 맞혀 반란 진압

북한의 암살 테러

1968년 1월 21일 청와대 뒷산까지 침투했다가 붙잡힌 북한 게릴라 김신조는 "박정희 목을 따러 왔다"고 소리쳐 국민들을 경악하게 했다. 이에 정부는 경제건설과 군사력 건설을 병행하도록 정책을 변화시켰다. 자주국방을 위해 향토예비군을 창설하고 방위산업을 육성하는 등 싸우면서 건설하는 노력을 기울였다.

1974년 8월 15일 장충동 국립극장에서 총성이 울렸다. 광복 제29주년 기념식에서 조총련계 재일교포 문세광이 박정희 대통령을 저격했으나 실패하고 영부인 육영수 여사가 흉탄에 쓰러졌다. 북한은 겉으로 위장평화 공세를 취하면서 한국 심장부를 향해 총탄을 쏜 것이다.

대통령 암살 시도는 계속됐다. 1983년 10월 9일 미얀마(당시 버마)의 아웅산 묘소에서 강력한 폭발이 있었다. 북한 김정일이 전두한 대통령과 수행원들을 대상으로 자행한 테러였다. 공식·비공식 수행원 17명이 사망하고 14명이 중경상을 입었다. 그 후 북한의 직접적인 금적금왕 시도는 없었으나 방심은 금물이다. 북한의 테러는 예측 불허다.

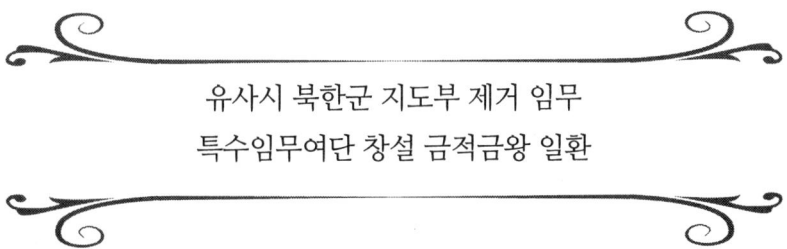

유사시 북한군 지도부 제거 임무
특수임무여단 창설 금적금왕 일환

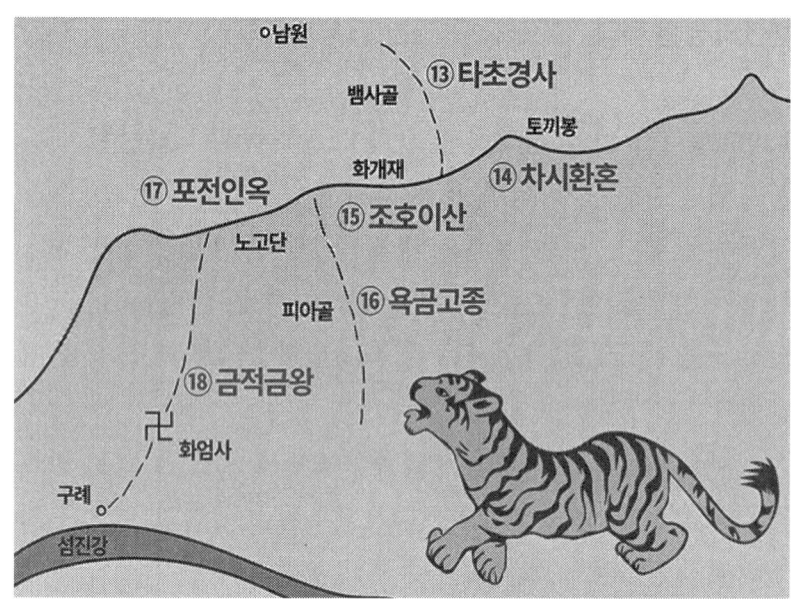

공전계 전술은 지리산 뱀사골부터 화엄사까지 호랑이 사냥 여정을 통해 숙달한다

공전계와 지리산 호랑이 사냥

독자들은 36계 중 절반 여정으로 18계까지 왔다. 승전계·적전계·공전계를 피아 전력과 상황에 따라 적절히 혼용하는 지혜가 요구된다. 공전계 전술 종합 학습장은 지리산이다. 호랑이 사냥 산행은 지리산 서쪽 남원에서 노고단을 거쳐 남쪽 구례로 향한다. 호랑이는 한반도에 기원전 7000년경부터 살았으나 1921년 경주 대덕산에서 잡힌 것을 끝으로 사라졌다.

13계 타초경사(수풀을 쳐 뱀을 놀라게 함)는 골짜기가 뱀처럼 심하게 굽이친 것에서 유래된 뱀사골계곡에서 야영을 한다. 14계 차시환혼(남의 시체를 빌려서 혼을 불어넣음)은 뱀사골계곡을 올라가 토끼를 먹이로 호랑이를 토끼봉으로 유인한다. 15계 조호이산(호랑이를 산에서 끌어냄)은 호랑이가 몰이꾼들 소리를 듣고 화개재를 지나 피아골로 피하게 만든다. 피아골에서는 16계 욕금고종(잡고자 하면 일부러 놓아 줌)으로 잡은 호랑이 새끼를 놓아 주어 어미 호랑이를 유인한다. 17계 포전인옥(벽돌을 던져서 구슬을 얻음)은 다시 노고단에서 호랑이 새끼로 어미 호랑이를 잡는다. 18계 금적금왕(적을 잡으려면 먼저 왕을 사로잡음)은 화엄사 구층암 암자에서 단소 가락으로 수컷 호랑이를 홀려 잡는 전술이다. 호랑이 사냥을 마치고 구례로 향하는 사냥꾼 배낭엔 공전계가 있었다.

제4부

적과 비슷하거나 불리할 때

혼전계

- 부저추신과 사기 저하
- 혼수모어와 혼란
- 관문착적과 차단
- 금선탈각과 속임수
- 원교근공과 외교전
- 가도벌괵과 흑심

제4부

적과 비슷하거나 불리할 때 **혼전계**

19. 부저추신과 사기 저하

> 釜·가마 부 底·밑 저 抽·뺄 추 薪·섶나무 신
> – 아궁이에서 장작을 제거하다 –
>
> 적 힘의 원천을 제거해 적의 사기를 꺾어라

음력 5월 초 단오는 모내기 끝내고 풍년을 기원하는 제자를 지낸다. 그리고 남자들은 씨름을 하고 부녀자들은 그네를 탔다. 씨름에서 손으로 상대방 다리를 앞으로 당기다가 갑자기 손을 빼면서 윗몸으로 밀면 상대방은 중심을 잃고 쓰러진다. 솥에서 장작을 꺼내는 부저추신이다.

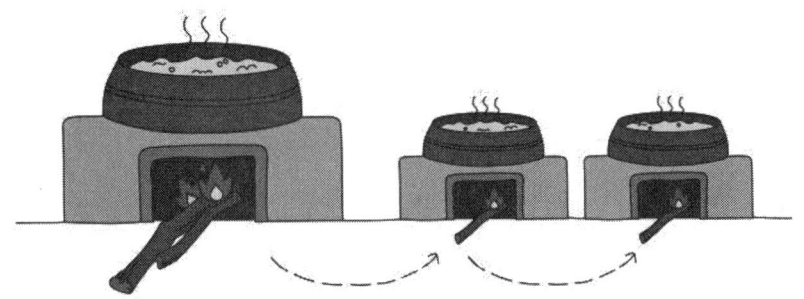

부저추신은 사기를 저하시키는 심리전 전술로 발전했다

아궁이에서 장작을 꺼내다

 36계 4부 혼전계(混戰計)는 혼전 중에 승리를 쟁취하기 위한 전술이다. 19계 부저추신(釜底抽薪)부터 24계 가도벌괵으로 이어진다. 핵심은 심리전과 차단이다. 19계 부저추신은 끓는 솥 밑에서(釜底) 장작을 꺼낸다(抽薪)는 뜻이다. 이 말은 기원전 139년 회남왕 유안이 한무제에게 헌사한 『내서』(오늘날 회남자로 알려져 있음) 정신훈에 나온다. 유안은 당시 천하의 뛰어난 인재들을 모아 군주의 치세에 필요한 내용들을 저술하게 했다. 정신훈은 군주가 지나친 욕심을 갖지 않아야 재앙을 피할 수 있다는 내용이다.

 여기에 '以湯止沸 沸乃不止 誠知其本 則去火而已矣(이탕지비 비내부지 성지기본 즉거화이이의)'라고 했다. '끓는 물을 끓어오르는 물에 부어봐야 그 끓어오름이 멈추지 않는다. 물이 끓어

오르는 근본 원인을 아는 사람은 단지 솥 아래의 불을 제거할 뿐이다'라는 뜻이다. 이것은 전투의지를 약화시키는 심리전으로 발전했다. 패왕별희(覇王別姬)의 소재가 된 '사면초가(四面楚歌)' 고사는 심리전의 고전적 사례다. 항우가 유방에게 쫓겨 해하(垓下)에서 포위됐다. 수년간 전쟁터를 떠돌던 초나라 군사들은 사방에서 들려오는 고향 노래에 눈물을 흘리며 앞다퉈 진영을 탈출했다. 항우는 포위망 돌파를 시도하다가 스스로 목숨을 끊었다. 부저추신은 유림외사에도 등장한다.

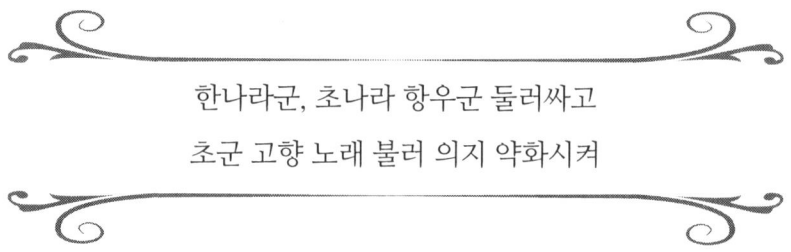

한나라군, 초나라 항우군 둘러싸고
초군 고향 노래 불러 의지 약화시켜

화(禍)의 근본을 제거하다

『유림외사(儒林外史)』는 중국 고전소설을 대표하는 작품이다. 명나라의 '삼국지연의·수호전·서유기·금병매', 청나라의 '홍루몽'과 더불어 중국 6대 기서(奇書)로 불린다. 이 소설의 작가 오경재는 강희제부터 건륭제에 이르는 청 왕조 전성기에 살았다. 그는 이 소설을 통해 강력한 전제 군주 통치하의 민족 간 갈등과 관료 집단의 부패 등을 이야기했다. 그리고 타락한 지식인과 부자들의 실상을 56회에 걸쳐 문학적으로 형상화했다.

부저추신은 5회에 나오는데 줄거리는 다음과 같다. 어느 고을에서 금전 문제로 다툼이 일어났다. 채권자들이 당사자인 엄대위 집에 갔으나 그는 없었다. 그의 동생 엄대육이 겨우 그들을 설득해 돌려보낸 뒤 해결 방안을 처남들과 상의했다. 처남 왕덕은 "모르는 척하면 채권자들이 가만히 있지 않을 것이므로 '끓는 솥 밑에서 땔감을 빼내듯(如今有個道理 是釜底 抽薪 之法)' 화근을 없애야 한다. 중개인을 보내 채권자들과 합의서를 제출해 일을 끝내는 방법이 최선"이라고 했다. 이처럼 개인 간 다툼에서도 부저추신을 모색했다. 베트남전쟁 시 북베트남은 미군이라는 땔감을 빼내기 위해 노래와 컬러텔레비전을 활용했다.

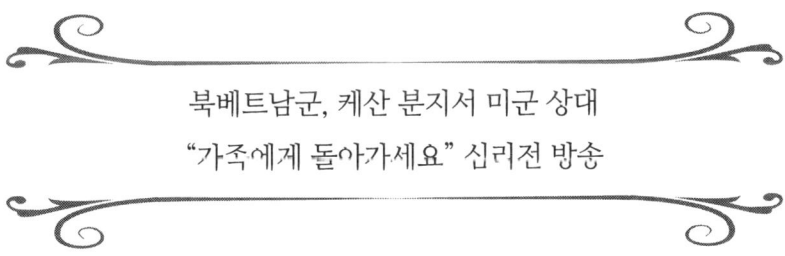

북베트남군, 케산 분지서 미군 상대
"가족에게 돌아가세요" 심리전 방송

케산전투와 심리전

미군은 호찌민 루트 차단을 위해 베트남 중부 라오스 국경지대 케산에서 모험을 걸었다. 미 해병 6개 대대 5,600명과 북베트남군 304·325사단 등 2만 명의 한판 승부였다. 1968년 1월 21일부터 시작해 77일간 계속됐던 전투는 스포츠 중계처럼 미국 전역에 생중계됐다. 저녁 6시 뉴스는 미국 안방이 베트남

전장으로 변하는 시간이었다. 저녁 시간대 베트남전 보도에서 케산이 차지하는 비중이 절반에 가까웠다. 시민들에게 1만 4,000km 떨어진 곳에서 피 흘리며 싸우는 병사는 자기 자식이나 옆집 아들이었다.

  북베트남은 미군의 사기 저하를 노렸다. 800m 고지군으로 둘러싸인 케산 분지에 북베트남군 심리전 방송요원 '하노이 한나'의 감미로운 음성이 울려 퍼졌다. "투웅(가을 향기)입니다. 그대들은 남의 나라 전쟁에서 아무런 의미 없이 죽어가고 있습니다. 오늘도 그대들 걱정에 잠 못 이루는 그리운 가족 품으로 돌아가세요." 그녀의 촉촉한 음성은 전장의 총포 소리를 뚫고 미군 병사 귓가에 젖어들었다. 미군 철수를 노린 북베트남의 추신지비(抽薪止沸: 장작을 꺼내 끓는 물을 식힘)였다. 케산전투에 쏠렸던 세계의 눈은 10일 후 뗏 공세로 옮겨졌다. 씨름에서 버티던 다리 힘을 빼고 상체를 밀어 넘기는 전술이었다.

20. 혼수모어와 혼란

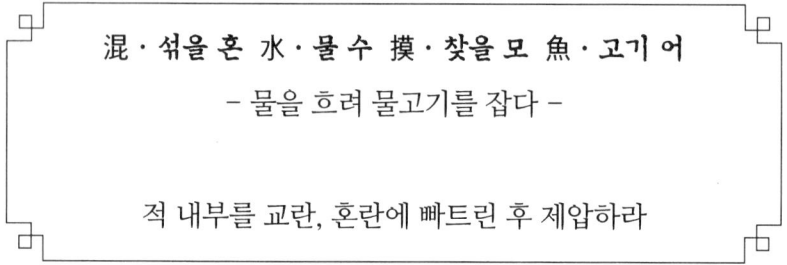

混 · 섞을 혼 水 · 물 수 摸 · 찾을 모 魚 · 고기 어
- 물을 흐려 물고기를 잡다 -

적 내부를 교란, 혼란에 빠트린 후 제압하라

오랜 가뭄 뒤 단비가 내리면 실개천 물고기는 맑은 물을 찾아 상류로 향한다. 이때 한 사람은 그물 손잡이를 잡고 한 사람은 발로 물을 흐려 물고기 시야를 가려 그물로 들어가게 한다. 이러한 물고기 잡는 방법이 혼수모어 전술로 발전했다.

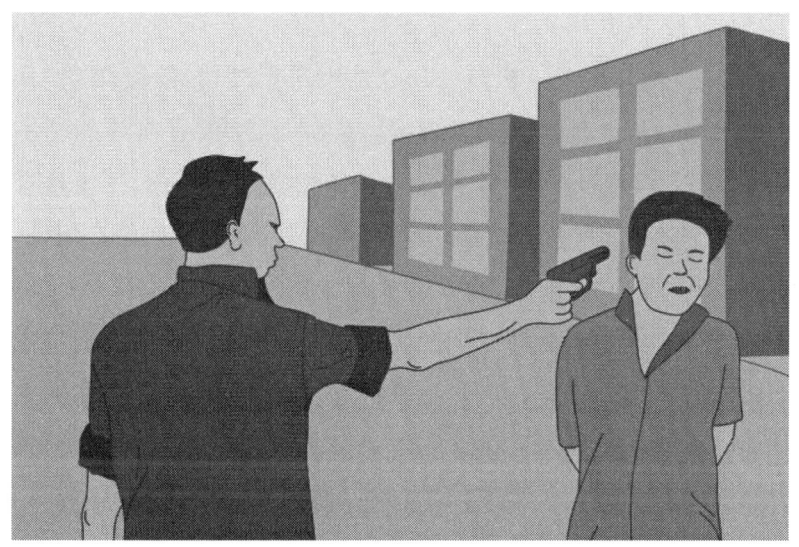

로안 국장이 자신의 가족을 살해한 범인을 사살하는 모습은 인권 탄압으로 해석돼 반전 분위기를 고조시켰다

물을 흐려 놓고 고기를 잡는다

혼전계 20계 혼수모어는 물을 흐려 놓고(混水) 고기를 잡는다(摸魚)는 뜻이다. 물을 뒤섞어 흐리게 해 아무것도 보이지 않게 해놓고 고기를 잡는 것으로 적군 내부를 교란시켜 승리를 얻는 전술이다. 이 전술은 가장 오래된 병서 『육도』에서 유래됐다. 기원전 10세기 중엽 주나라 문왕이 위수 북쪽 낚시터에서

태공망 여상을 만나 치세와 전략을 논했다. 여상은 낚싯줄과 미끼에 따라 천하를 얻거나 인재를 모으는 방법이 다르다고 했다. 그는 '緡隆餌豊 大魚食之(민륭이풍 대어식지)'라고 했다. 훌륭한 인재를 얻는 것을 낚싯줄이 굵고 미끼가 크면 큰 물고기가 무는 것으로 비유했다. 緡은 '낚싯줄', 隆은 '크다', 餌는 '미끼'라는 뜻이다.

여상은 육도 29장 병징(兵徵:승패의 징후)에서 물을 흐려 고기를 잡을 좋은 때를 다음과 같이 말했다. 약한 군대의 징후는 '相語以不利 耳目相屬 妖言不止 衆口相惑 不畏法令 不重其將(상어이불리 이목상속 요언부지 중구상혹 불외법령 부중기장)'이다. 자기 군대의 불리한 점을 서로 이야기하고, 서로 모여 웅성거리고, 유언비어가 그치지 않고, 위아래가 서로 속이고, 법령을 두려워하지 않고, 장수를 존경하지 않으면 나약한 군대라는 뜻이다. 히틀러는 제2차 세계대전 막바지에 패색이 짙어지자 전세를 뒤집기 위해 가짜 미군을 투입하는 혼수모어를 시도했다.

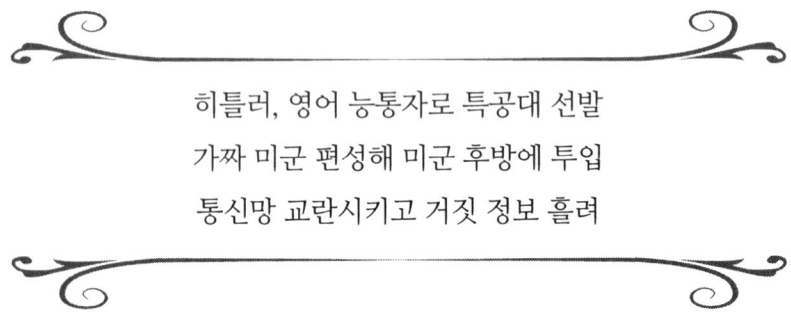

히틀러, 영어 능통자로 특공대 선발
가짜 미군 편성해 미군 후방에 투입
통신망 교란시키고 거짓 정보 흘려

땅 위 물고기로 후방을 교란

1944년 12월 중순 아이젠하워는 총공세를 계획했다. 독일군은 미·영 연합군 병참기지인 벨기에 북부 앤트워프 항구로 반격을 가했다. 그리고 연합군의 틈새인 라인강 하류와 자르 지역 사이 아르덴으로 주력을 투입했다. 또한, 히틀러는 스코르체니 중령이 지휘하는 제150기갑여단 특공대 2,000여 명을 편성해 그라이프 작전을 펼쳤다.

특공대는 영어 능통자로 편성했으며 포로가 된 미군들의 영어 발음이나 껌을 씹을 때 모습까지 모방하도록 했다. 독일군 특공대는 미군 복장과 장비로 미 제1군 후방지역에 침투했다. 이들은 연합군 지휘통신망을 교란하고 뫼즈강의 여러 교량을 확보해 교두보를 장악했다. 그리고 가짜 지뢰 지대 표시를 하거나 길 표지판을 거꾸로 돌려놔 연합군 공격을 지연시켰다.[10]

또한, 미군 부대에 몰래 잠입, 거짓 정보를 흘려 혼란에 빠트렸다. 연합군은 미군 헌병들로 변장한 이들을 색출하기 위해 미국인만 아는 질문을 던졌다. 독일군은 뫼즈강을 연한 디낭에서 공격이 저지되고 바스토뉴 점령에 실패하면서 운명의 최후 대공세는 막을 내렸다. 특공대 2,000여 명 대부분은 전사하거나 포로가 됐다. 베트남전에서도 북베트남은 1968년 1월 말 혼수모어 공세를 취했다.

---

10) 온창일 등 , 『세계전쟁사』(서울: 황금알, 2004), pp. 384-388.

사진 한 장이 전세를 뒤집다

　북베트남은 1968년 1월 21일 케산전투에서 19계 부저추신으로 미군 철수를 노렸다. 10일 후 남베트남 모든 지역에서 뗏(Tet·설) 공세를 감행했다. 이날은 베트남 민족이 전투를 잠시 멈추고 설 연휴를 보내는 날이었다. 남베트남 응우옌 반 티에우 대통령은 36시간 동안 일방적 휴전을 선포했고, 남베트남군 절반 이상이 휴가를 갔다. 북베트남군과 민족해방전선 대원 7만여 명은 36개 주요 도시와 25개 군사시설 등에 물고기처럼 스며들었다. 남베트남군 복장을 입거나 가짜로 장례식을 하는 것처럼 꾸민 후 관에 무기와 탄약을 숨겨 운반했다.

　미 대사관을 둘러싼 여섯 시간의 교전 상황이 여과 없이 미국 안방으로 생중계됐다. 미국 시민들은 케산전투와 뗏 공세 모습을 본 후 정부가 자신들을 속였다는 것을 알았고, 반전 여론이 폭발했다. 에디 애덤스 기자가 찍은 사진 한 장은 전 세계에서 반전 분위기를 고조시켰다. 남베트남 치안국장 응우옌 곡 로안이 민족해방전선 간부를 붙잡아 권총으로 즉결처분했다. 자신의 가족을 죽인 데 대한 처벌이었다. 그러나 이를 찍은 사진은 사람들에게 무차별적 인권 탄압으로 받아들여졌다. 뗏 공세는 군사적으로는 비록 패배했으나 정치적으로는 승리를 거뒀다.

21. 관문착적과 차단

關·빗장 관 門·문 문 捉·잡을 착 賊·도둑 적
- 문에 빗장을 걸고 도둑을 잡다 -

적을 함정으로 유인해 포위한 후 섬멸하라

매년 6월 호국보훈의 달은 뜨겁다. 나라를 위해 몸 바친 장병과 순국선열들께 감사와 존경을 보낸다. 오늘날의 평화는 국군과 유엔군 참전 용사들의 '관문착적' 덕분이다.

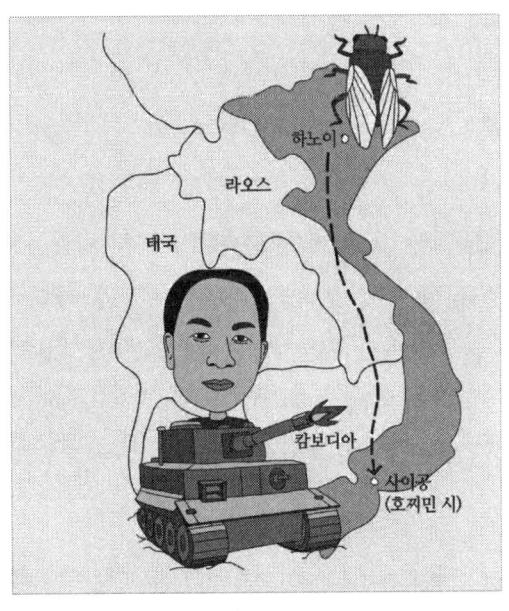

미군과 남베트남군은 호찌민 루트의 관문을 차단하기 위해 라오스와 캄보디아를 공격했으나 실패했다. 이것은 남베트남 패망을 촉진시켰다

적과 비슷하거나 불리할 때 혼전계

문에 빗장을 치고 도둑을 잡다

혼전계 22계 관문착적은 문에 빗장을 치고(關門) 도둑을 잡는다(捉賊)는 뜻이다. 이 전술은 중국의 민간 속어인 관문타구(關門打狗: 문을 걸어 잠그고 적을 때려잡음)에서 유래했다. 關은 문을 닫아거는 빗장의 모습이며 捉은 손을 뻗치고 따라붙는 것을 형상화한 글자다. 관문착적은 중국 고대 병법에서 적을 함정으로 유인해 포위한 후 섬멸하는 위대진(圍袋陣: 에워싸 자루에 담음)과 위섬전(圍殲戰 · 에워싸 섬멸)으로 활용됐다. 그리고 이 전술은 직접 공격하지 않고 스스로 무너지게 하는 위사불타(圍師不打)로도 응용됐다. 기원전 260년 진(秦)나라 백기는 조(趙)나라 조괄군 40만을 장평에서 포위했다. 조나라군은 식량이 떨어지고 지원을 받지 못하자 결국 항복했고 대부분 생매장당했다.

관문착적의 성공은 관문의 장소와 의지에 달려 있다. 『오자병법』에 '一人投命 足懼千夫(일인투명 족구천부)'라는 구절이 있다. 죽음을 두려워하지 않는 한 명이 1000명을 두렵게 한다는 뜻이다. 이순신 장군은 이를 인용해 명량(鳴梁: 진도 울돌목) 해전을 앞두고 '一夫當逕 足懼千夫(일부당경 족구천부)'라 했다. 한 명의 장부가 길목을 잘 지키고 있으면 천 명의 적을 막을 수 있다는 뜻이다.[11] 그러나 아무리 튼튼한 장벽도 내부 분열이 있으면 쉽게 무너진다.

---

11) 이인식, 『융합하면 미래가 보인다』(서울: 21세기북스, 2014), pp. 206-207.

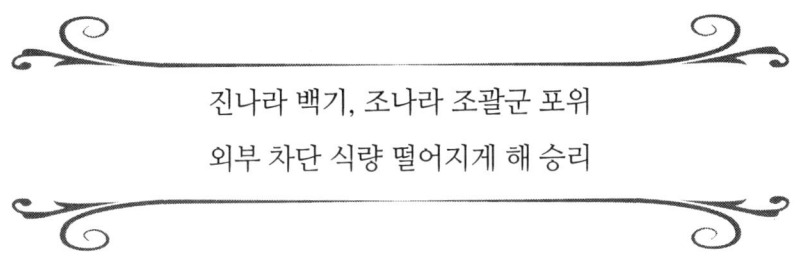

진나라 백기, 조나라 조괄군 포위
외부 차단 식량 떨어지게 해 승리

내부 분열이 장벽을 허물다

인류는 강과 산을 경계로 삼았다. 네 것을 차지하기 위한 싸움이 커지면서 강산을 잇는 인위적 장벽을 쌓기 시작했다. 돌무더기 장벽으로는 달에서도 보인다는 만리장성이 으뜸이다. 기원전 3세기 진시황 때 축조하기 시작해 18세기 청나라 때까지 이어졌다. 성벽 길이는 지선까지 합치면 6,000km에 이른다. 그러나 튼튼했던 장벽을 바탕으로 강성했던 명나라는 이자성이 주도한 대규모 농민반란 등으로 내부에서부터 무너졌다.

프랑스도 마찬가지였다. 독일과의 국경지대에 요새와 벙커를 촘촘히 연결한 마지노선만 믿었다. 그 뒤에서 폴 레노 총리는 독일군의 침공 정보를 알고서도 "전쟁만은 안 된다"고 외쳤다. 참모총장 가믈랭도 "전쟁은 청년을 너무 많이 희생시킨다"고 했다. 마르세유 비행장 주변 프랑스 주민들은 영국군 폭격기가 이탈리아를 폭격하지 못하도록 수레와 운반용 차로 활주로를 막아버렸다. 파리 함락 사흘 전이었다. 1940년 6월 프랑스는 6주 만에 독일에 무릎을 꿇었다.

1959년 북베트남은 통일전쟁을 시작하면서 북위 17도선 장벽을 피해 호찌민 루트를 개척했다. 이곳을 통해 북베트남군 병력과 장비, 물자를 남베트남으로 내려보냈다.

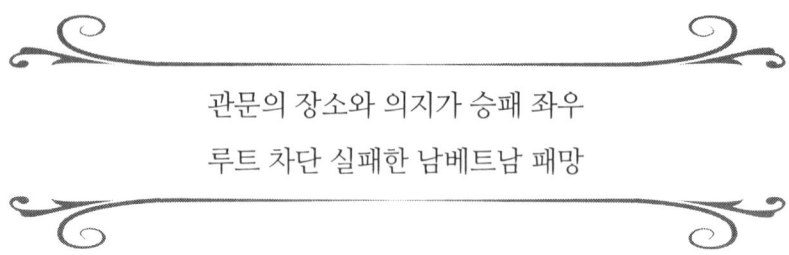

관문의 장소와 의지가 승패 좌우
루트 차단 실패한 남베트남 패망

남베트남 관문 차단 실패

미군은 이 루트 차단을 위해 무진 애를 썼다. 1970년 4월 미군 1만5,000명과 남베트남군 5,000명이 캄보디아를 공격했다. 게릴라전을 지휘하는 남베트남중앙본부(COSVN)가 있는 낚싯바늘 지역을 차단하기 위해서였다. 그러나 이들은 미리 공격 첩보를 입수하고 숨어 버려 작전 성과는 저조했다.

1971년 2월 남베트남군 1만7,000명은 라오스 국경 내 40km 지점에 있는 북베트남군 기지 체폰을 공격했다. 미군 1만 명은 포병과 항공기 지원을 맡았다. 이 공격도 북베트남군의 완강한 저항으로 실패했다. 두 번의 관문착적 시도는 오히려 젊고 유능한 남베트남군 장교들을 제물로 바친 1급 참사로 평가받았다.

1973년 1월 파리평화협정 조인으로 미군마저 철수하고 남베트남 혼란은 계속됐다. 적이 라오스와 캄보디아에서 침투하는 관문을 차단하는 데 실패하면서 남베트남은 지도 위에서 사라졌다. 역사를 잊는 민족에게 생존은 없다. 안보 관문은 피와 땀으로 지켜야 한다.

22. 금선탈각과 속임수

金·쇠금 蟬·매미 선 脫·벗을 탈 殼·껍질 각
- 허물만 남기고 사라지다 -

진영 그대로 두고 주력 은밀히 이동해 적을 속여라

하지(夏至)가 되면 암컷 매미에게 구애하는 수컷 매미들이 나무들 위에서 울어댄다. '금선탈각'은 허물만 남기고 사라지는 매미처럼 전쟁에서 소리를 내지 않고 은밀히 사라지는 전술이다.

반 티엔 둥은 하노이에 있는 것처럼 위장하고 실제 남베트남 전장을 지휘했다

껍질만 남기고 사라지다

혼전계 21계 금선탈각은 매미(金蟬)가 허물을 벗는다(脫殼)는 뜻이다. 『회남자』의 '정신훈'에는 '蟬세蛇解 游於太淸(선태사해 유어태청)'이란 표현이 나온다. 무릇 해탈한 사람은 매미가

껍질을 벗고 뱀이 허물을 벗는 것처럼 벗어나 자유로운 세계인 태청(太淸)에서 노닌다는 뜻이다.

또한, 원나라 혜시가 지은 『유규기(幽閨記)』의 '문무동맹(文武同盟)'에는 '曾記得兵書上有闖 金蟬脫殼之計(증기득병서상유규 금선탈각지계)'라는 표현이 있다. '일찍이 병서 안에 금선탈각의 계책이 있었던 것으로 기억한다'라는 뜻이다.

금선탈각은 은밀히 퇴각할 때 활용된다. 곧 '存其形 完其勢(존기형 완기세), 友不疑 敵不動 巽而止蠱(우불의 적부동 손이지고)'다. '진지의 원래 모습을 보존하고 아군의 방어하는 태세를 유지한다. 그래야 우군도 의심하지 않고, 적도 함부로 움직이지 않는다'는 뜻이다. 이를 틈타 은밀히 주력을 이동시켜 위기를 벗어날 수 있다. 제갈량이 북벌 도중에 죽으면서 이 전술을 마지막으로 사용했다.

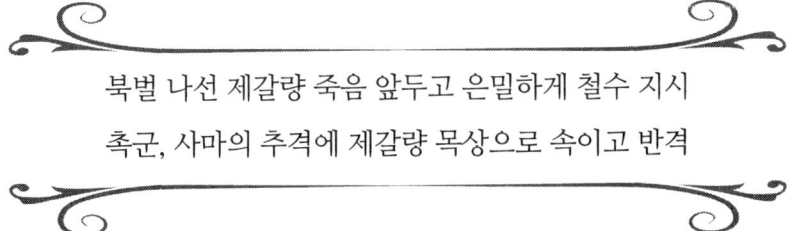

북벌 나선 제갈량 죽음 앞두고 은밀하게 철수 지시
촉군, 사마의 추격에 제갈량 목상으로 속이고 반격

나무로 만든 사람으로 속이다

제갈량은 227년부터 234년까지 다섯 차례 북벌을 시도했으나 끝내 장안(오늘날 시안) 앞 위수를 건너지 못했다. 234년 8월 한중을 출발한 그는 오장원에서 피로가 누적돼 죽음에 이르렀다. 설상가상으로 촉나라군은 위나라군의 지연전으로 식량 보급마저 차단돼 더 이상 버틸 수 없었다. 그는 죽음을 앞두고 은밀한 철수작전을 지시했다.

위나라군 장수 하후패는 오장원에 주둔하던 촉나라군이 보이지 않자 사마의에게 알렸다. 제갈량이 죽었다고 판단한 사마의가 추격하자 촉나라군은 말머리를 돌려 반격했다. 이때 촉나라군의 깃발에는 '한승상 무향후 제갈량'이라고 쓰여 있었다. 그리고 사륜거 위에 제갈량이 윤건을 쓰고 부채를 든 채 앉아 있었다. 사실은 목상(木像)이었다. 사마의는 제갈량이 살아 있으면서 자신을 속였다고 생각하고 급히 말을 돌려 도망쳤다. 촉나라군 장수 강유가 사마의를 뒤쫓았고 위나라군은 대패했다. 죽은 제갈량이 살아있는 사마의를 금선탈각으로 물리친 셈이다. 베트남전쟁에서 반 티엔 둥은 금선탈각의 속임수로 승리했다.[12]

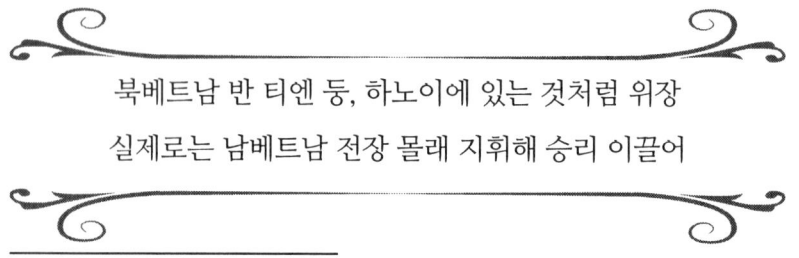

북베트남 반 티엔 둥, 하노이에 있는 것처럼 위장
실제로는 남베트남 전장 몰래 지휘해 승리 이끌어

12) 쌍진롱 글, 박주은 옮김, 『마흔 제갈량 지혜』(서울: 다연, 2011), pp. 466-468.

매미로 변한 반 티엔 둥

　9년 동안의 협상 끝에 1973년 파리평화협정이 조인됐다. 미군의 완전 철수를 겨냥한 노림수였다. 그러나 남베트남에는 매미가 허물을 남기듯 공산당원 9,500명과 북베트남에서 침투시킨 요원 4만 명 등 전체 인구 0.5% 정도의 공산분자들이 사회 곳곳에서 암약하고 있었다. 이들은 민족·평화주의자로 위장하고 시민단체와 종교단체, 대학가와 언론계를 장악했다. 조직적인 반미운동과 남남갈등을 조장하며 혼란을 부추겼다.
　1974년 12월 북베트남은 이러한 남베트남의 극심한 혼란을 틈타 전면전을 결정했다. 북베트남군 총사령관 반 티엔 둥은 금선탈각 전술을 썼다. 하노이에 허물을 남기고 은밀히 남베트남으로 이동했다. 하노이에서는 둥의 이름으로 메시지를 남베트남으로 발신했다. 하노이 사령부 앞에는 매일 아침 똑같은 시간에 둥의 승용차가 멈춰 섰다. 그와 외모가 매우 비슷한 병사가 둥 장군 역할을 맡았다.
　하노이 주재 정보원이나 공관원들은 그가 하노이에 있다고 보고했다. 미 CIA도 그가 남베트남에서 북베트남군을 지휘하고 있는 것을 전혀 몰랐다. 하노이가 고의로 흘리는 거짓 정보에 끌려다녔다. 북베트남군은 북위 17도 선에 있는 군사분계선을 넘어 공격하고 '반메투오트 대신 북쪽 플레이쿠를 공격한다'는 위장 명령을 내렸다. 결국, 1975년 3월 10일 전략적 요충지 반메투오트에서 총공세를 허용하고 말았다. 남베트남군은

4,000명의 병력만 배치해 놓고 있었고, 북베트남군 3만 명이 숨어든 사실을 까맣게 모르고 있었다.[13] 수천km 떨어진 하노이의 매미 울음소리와 허물에 속아 나라마저 내줬다.

23. 원교근공과 외교전

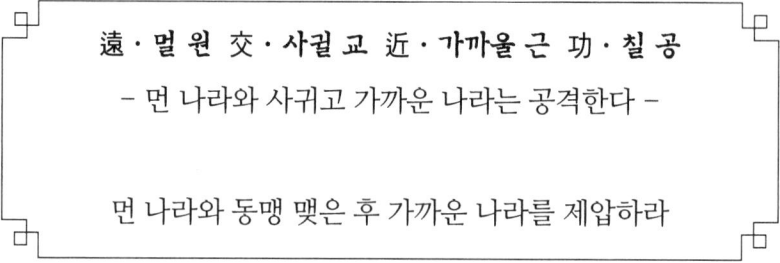

遠·멀 원 交·사귈 교 近·가까울 근 功·칠 공
- 먼 나라와 사귀고 가까운 나라는 공격한다 -

먼 나라와 동맹 맺은 후 가까운 나라를 제압하라

카를 폰 클라우제비츠는 '전쟁은 총으로 하는 외교이며 외교는 말로 하는 전쟁'이라고 했다. 기원전 221년 시황제는 중국 최초의 통일제국 진(秦)을 세웠다. 오래전 장의의 연횡(連橫)과 범저의 원교근공이 뿌린 씨앗이 열매를 맺은 것이다.

---

13) 마이클 매클리어 글, 유경찬 옮김, 『베트남 10000일의 전쟁』(서울: 을유문화사, 2002), pp. 570-573.

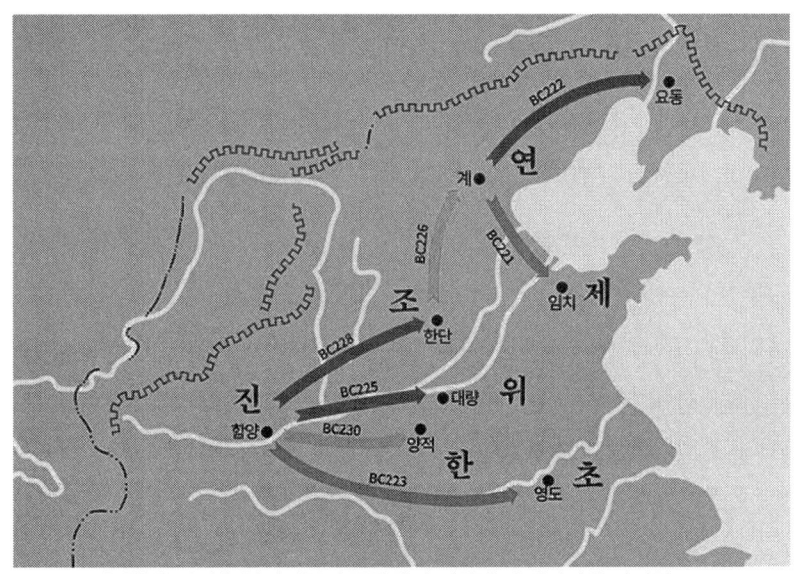

진시황은 가까운 한나라부터 공략하기 시작해 먼 제나라를 마지막으로 점령하며 통일을 달성했다 〈요도 출처=시안 박물관〉

먼 나라와 사귀고 이웃 나라는 친다

혼전계 23계 원교근공은 '먼 나라와는 사귀고(遠交) 이웃 나라는 친다(近攻)'라는 뜻이다. 멀리 있는 나라와 외교적 우호관계를 맺고 직접적 위협이 되는 가까운 나라는 공격하는 전술이다. 원교근공은 『전국책』에서 유래했다. 이 책은 한나라 성제(成帝) 때 유향이 전국시대(기원전 475~221) 말까지 12개국의 흥망사와 일화를 33권으로 정리한 역사서다. 여기에는 부국강병과 약육강식의 처절한 현실이 그대로 서술됐다.

원교근공은 진(秦)나라 소양왕(기원전 306~251) 때 범저가 건의한 동진정책에 나온다. 이보다 전에는 오늘날에도 외교전략으로 널리 사용되는 합종연횡(合從連橫)이 있다. 기원전 3세기 초 위나라의 소진은 조·한·제 등 6국이 연합해(合從) 진나라에 대항할 것을 도모했다. 약자가 힘을 합해 강자에게 대드는 모양새다. 이에 맞서 진나라의 장의는 제·연과 연합해(連橫) 조·한·위 등을 치는 꾀를 냈다. 6국의 동맹을 깨고 진나라를 섬기도록 하는 복안이었다. 이 전략은 원교근공과도 서로 통한다. 기원전 318년 조·한·제 등 6국 합종 연합군이 진을 공격했으나 분열돼 함곡관에서 패하고 말았다. 연횡은 진나라의 통일정책인 범저의 원교근공으로 이어졌다.

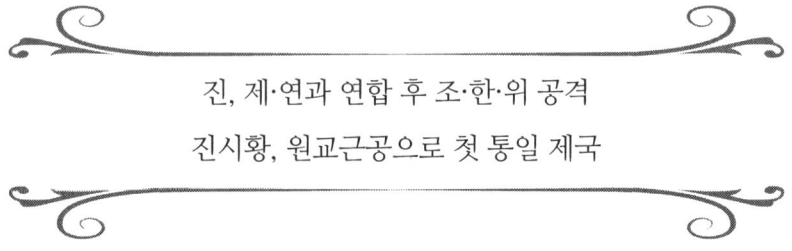

진, 제·연과 연합 후 조·한·위 공격
진시황, 원교근공으로 첫 통일 제국

원교근공으로 통일제국을 세우다

범저는 원래 위나라 사람이었다. 양왕에게 연제항진(聯齊抗秦·위와 제나라가 연합해 진에 대항)을 건의했으나 무시당했다. 기원전 271년 그는 진나라로 망명했다. 당시 진 소양왕은 인접한 위나라와 연합해 멀리 떨어진 제나라를 정벌하려 했다. 그러나 범저는 먼저 제나라와 연합해 인접국 위·한나라를 점령한 후 제나라를 정벌해야 한다는 건의를 했다.

"왕께서는 원교근공책을 쓰느니만 못합니다. 한 치를 얻으면 왕의 땅이 한 치 늘어날 것이요, 한 자를 얻으면 한 자만큼 왕의 땅이 늘어날 것이기 때문입니다. 그런데 지금 이를 버리고 자꾸 먼 곳을 공격하기를 고집하시니 큰 오류가 아닙니까(王不如遠交而近攻, 得寸則王之寸 得尺亦王之尺也 今舍此而遠攻 不亦繆乎)?"[14]

이로부터 40년 후인 기원전 230년 진시황은 통일전쟁을 시작했다. 가장 가깝고 약소한 한나라를 시작으로 위·초나라 등을 순차적으로 정복했다. 기원전 221년 마지막으로 가장 멀고 강대했던 제나라를 무너뜨리고 중국 최초의 통일제국을 세웠다. 원교근공이었다. 베트남도 멀리 있는 소련과는 외교적 우호관계를 유지하면서 많은 원조를 받았다. 반면 가까이 있는 중국·캄보디아와는 전쟁을 했다.

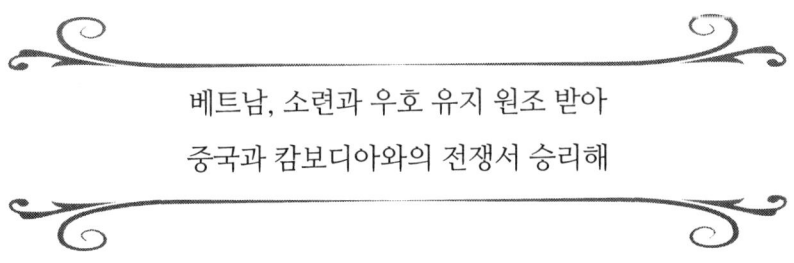

베트남, 소련과 우호 유지 원조 받아
중국과 캄보디아와의 전쟁서 승리해

---

14) 유향 글, 임동석 옮김, 『전국책』 권3 (서울: 동서문화사, 2009), pp. 10-13.

북베트남 총과 말로 통일을 이루다

　북베트남은 1969년 9월 호찌민이 남긴 "단결하라"라는 유훈을 바탕으로 군사적으로는 통일을 위해 일관된 전략을 펼쳤다. 중국은 북베트남에 대규모 병력의 직접적 군사적 지원과 물적 원조를 병행했다. 소련은 대공 미사일 요원의 훈련과 함께 최신예 미그기와 탱크 등 무기와 장비를 지원했다. 북베트남은 중국과 소련의 국경 분쟁 등으로 야기된 상호 갈등 관계를 이용해 등거리 외교를 하면서 양국으로부터 군사원조를 최대한 받아냈다.

　그런데 외교적으로는 친중·친소파로 나누어졌다. 친중파는 보 응우옌 잡과 레 둑 토 등이었고, 친소파는 레 주 언과 팜 반 동 등이었다. 이들은 서로 의견이 달랐으나 베트남 통일 의지는 같았고 끝내 그 목표를 이뤘다. 1975년 베트남 통일 후 중국은 베트남의 영향력 확대를 우려해 캄보디아에 대한 군사적 원조를 증가했다. 그러자 베트남은 친소정책으로 기울었다. 양국의 갈등은 1978년 12월 베트남의 캄보디아 침공으로 비화됐다.

　마침내 1979년 2월 중국군 30여만 명은 베트남 북부 국경지대를 침공했다. 중국군은 랑선까지 진출했으나 베트남군의 게릴라전에 많은 사상자를 냈고 전쟁은 3월 6일 종전됐다. 베트남은 열세한 군사력으로 강한 중국과 맞붙어 승리했다. 강대국에 무릎 꿇지 않는 베트남의 원교근공 지혜를 들춰보자.

24. 가도벌괵과 흑심

┌───┐
假·빌릴 가 途·길 도 伐·칠 벌 虢·나라 괵

- 길을 빌려 괵나라를 공격하다 -

대의명분으로 적 속여 또 다른 적까지 제압하라
└───┘

1592년(선조25) 3월 대마도주 소 요시토시가 부산포에 일본 사신으로 왔다. 명나라에 조공을 바칠 길을 열어주지 않으면 변란이 일어날 것이라고 협박했다. '정명가도(征明假道)'에 이은 가도벌괵 속셈이었다.

우나라 길을 빌려 괵나라를 치다

혼전계 24계 가도벌괵은 길을 빌려(假途) 괵나라를 친다(伐虢)는 전술이다. 假는 빌린다는 뜻이다. 출처는 『춘추좌전』 희공 2년이다. 춘추는 공자가 제자들에게 노나라 역사를 가르치기 위해 만든 교과서이며, 춘추좌전은 좌구명이 춘추의 해석을 돕기 위해 주석을 단 역사서다. 춘추좌전에는 '晉荀息 請以 屈山之乘 與垂棘之璧 假道於虞以 伐虢 (진순식 청이 굴산지승 여수극지벽 가도어우이 벌괵)'이라는 구절이 나온다. 진나라

순식이 굴산에서 나는 말과 수극의 벽옥으로 우나라에서 길을 빌려 괵나라를 쳤다는 뜻이다. 굴산은 지금의 산서성 석루현이며 수극은 노성현 북쪽에 있었다. 진나라 남쪽의 우나라와 괵나라는 서로 형제의 나라였다.

기원전 653년 진나라는 황하 유역 산서성 일대의 괵나라 정벌에 나섰다. 진나라에서 괵나라로 가려면 반드시 중간에 있는 우나라의 평륙현 동북쪽 우판을 지나야 했다. 당시 우나라의 궁지기와 백리해는 우와 괵은 순망치한(脣亡齒寒: 입술이 없으면 이가 시림)의 관계라며 길을 내주는 것을 극구 반대했다. 그럼에도 우공은 뇌물에 넘어가 진나라에 길을 빌려줬다. 진나라 헌공은 우공에게 함께 사냥을 하자고 꾀어 우나라군 주력을 유인, 빈틈을 만들었다. 진나라의 이극은 괵을 정벌하고 돌아오는 길에 우나라마저 삼켰다. 북베트남도 라오스와 캄보디아로부터 길을 빌려 남베트남을 정복했다.

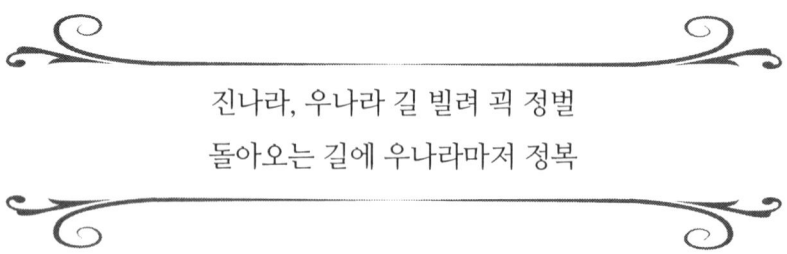

진나라, 우나라 길 빌려 괵 정벌
돌아오는 길에 우나라마저 정복

길을 빌려준 대가는 피로 물든 메콩강

1975년 4월 30일 남베트남 수도 사이공을 에워싼 북베트남군 30만 명은 도대체 어디서 온 것일까? 미군 상황판에 도식된 호찌민 루트는 5,645km였으나 실제 길이는 1만3,000km 이상이었다. 1934년 마오쩌둥 홍군이 1년 동안 걸었던 대장정 길이와 유사했다. 이 루트를 차단하기 위해 쏟아부었던 폭탄은 2차 대전 시의 공중폭격 폭탄 200만 톤보다 많은 220만 톤이었다.

루트 보수 전담은 5만 명으로 5km 간격으로 거점 캠프가 마련됐다. 이곳에는 식량과 탄약·유류 등이 저장됐고 캠프 사이를 릴레이 방식으로 운용했다. 북베트남은 육지 길은 라오스와 캄보디아로부터 빌렸고 바닷길은 남중국해와 캄보디아 시아누크 빌 항구를 빌렸다. 가도벌괵이었다. 남베트남군은 병력 66만과 2년 이상 버틸 수 있는 군수품이 있었으나 허무하게 무너졌다.

길을 빌려준 두 나라도 무사하지 않았다. 라오스는 1975년 공산화됐다. 캄보디아도 1978년 베트남의 침공을 받아 수도 프놈펜이 점령당했고 1989년까지 베트남의 지배를 받았다. 두 나라를 흘러가는 메콩강은 붉은 피로 물들었다.

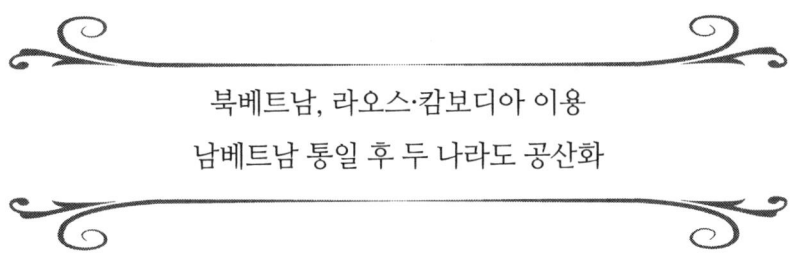

북베트남, 라오스·캄보디아 이용
남베트남 통일 후 두 나라도 공산화

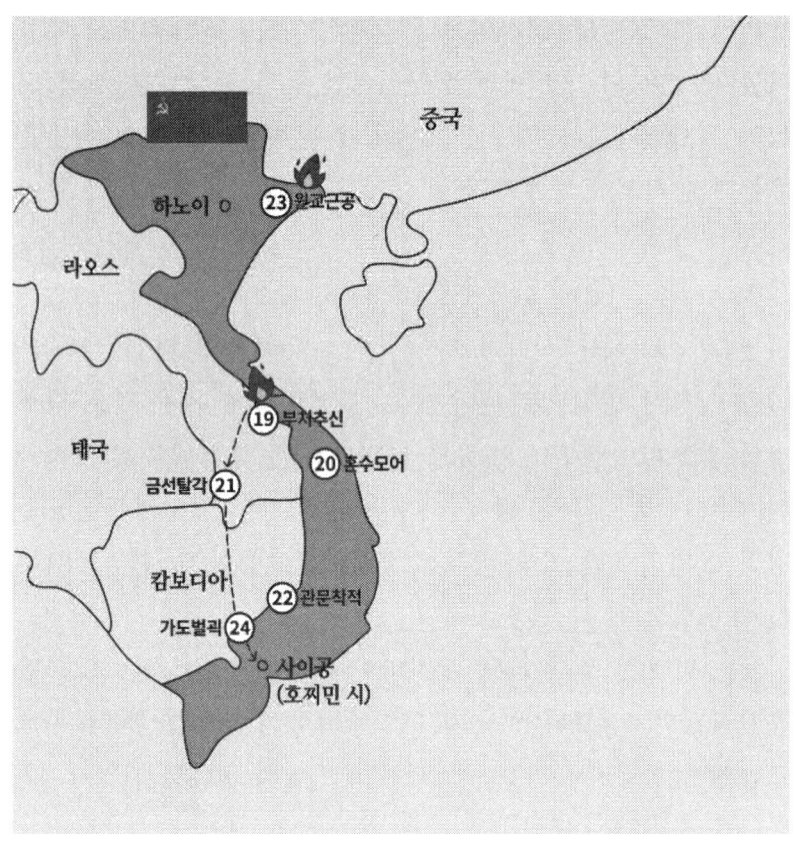

베트남 전쟁 후반부는 북베트남이 36계 혼전계 전술로 주도권을 잡았다

혼전계와 베트남전쟁

혼전계 전술의 종합 훈련장은 베트남전쟁이다. 북베트남은 1968년 1월 케산전투부터 1975년 4월 통일까지 혼전계 전술을 활용했다. 19계 부저추신(끓는 솥 밑에서 장작을 꺼냄)은 케산전투다. 북베트남군은 미군 철수를 노린 심리전을 병행해 전투는

케산에서 치러졌으나 전장은 미국 안방이었다. 20계 혼수모어(물을 흐려 놓고 고기를 잡음)는 1968년 1월 말 뗏(구정) 공세다. 남베트남민족해방전선에 의해 남베트남 전역에서 동시다발로 일어났다.

21계 금선탈각(매미가 허물만 남기고 감)은 1972년 3월 말 춘계 대공세다. 북베트남군 정규 13개 사단이 남베트남의 주요 전략적 요충지를 공격했다. 파리평화협정 체결을 노린 승부수였고 전투가 끝난 후 쯔엉선산맥으로 사라졌다. 라오스와 캄보디아를 통해 북베트남군이 침투하는 것을 저지하기 위한 미군과 남베트남군의 공세작전은 22계 관문착적(문에 빗장을 치고 도둑을 잡음)이었다.

23계 원교근공(먼 나라는 사귀고 이웃 나라를 침)으로 북베트남은 친소반중 외교정책을 펼쳤다. 그 결과 1979년 중국의 베트남 침공을 부르기도 했다. 24계 가도벌괵(길을 빌려 괵나라를 공격)은 베트남 통일까지 계속 활용된 호찌민 루트다. 다윗이 혼전계로 골리앗을 이긴 사례다.

제5부

적과 비슷해 변화를 줄 때

병전계

| 투량환주와 주도권 쟁취 | | 상옥추제와 배수진 |

| 지상매괴와 간접경고 | | 수상개화와 과장 |

| 가치부전과 눈속임 | | 반객위주와 주도권 장악 |

제5부

적과 비슷해 변화를 줄 때 **병전계**

25. 투량환주와 주도권 쟁취

> 偸·훔칠 투 梁·들보 량 換·바꿀 환 柱·기둥 주
> – 대들보를 훔치고 기둥을 바꾸다 –
>
> 적의 중추를 교란하고 탈취해 적을 무너뜨려라

2017년은 대한제국 수립 120주년으로 다채로운 행사들이 이어지고 있다. 조선 말 일어났던 역사적 사건들을 36계 병전계의 각 전술과 연계해 되돌아보자. 19세기 말 일제는 제국들의 영토쟁탈전에 뛰어들어 한반도를 삼키려는 야욕을 불태웠다.

일본은 투량환주로 조선의 대들보와 기둥을 무너뜨렸다

대들보와 기둥을 허물다

36계 5부 병전계(幷戰計)는 피아의 전력에 따라 적의 세력을 약화시키거나 아군의 약점을 감출 때 사용하는 전술이다. 25계 투량환주(偸梁換柱)로부터 시작해 30계 반객위주(反客爲主)까지 이어진다. 핵심은 허장성세(虛張聲勢)·은폐(隱蔽)·주도권 장악 등이다.

25계 투량환주는 대들보를 훔치고(偸梁) 기둥을 바꾼다(換柱)는 뜻이다. 대들보(梁)와 기둥(柱)은 집을 받쳐주는 뼈대다. 대들보를 빼고 기둥을 바꾼 후 스스로 무너지게 하는 전술이다. 이 표현은 원래 기원전 16세기 중국 하나라 걸(桀)왕과 기원전 10세기

상나라 주(紂)왕의 고사에서 유래했다. 두 폭군은 힘이 대단해 아홉 마리 소를 거꾸로 들고 대들보와 기둥을 번쩍 들어 바꿀 수 있었다고 한다. 주왕이 어느 날 정원을 거닐다가 비운각이라는 정자가 무너지려 하는 것을 보고 자신이 몸으로 대들보를 지탱할 때 기둥을 바꾸도록 했다는 '탁량환주(托梁換柱)'가 투량환주로 바뀌었다.

투량환주는 사물의 성질이나 내용을 바꿔 이익을 도모한다는 뜻으로도 쓰인다. 조고는 진시황이 죽으면서 남긴 유언을 바꾸는 투량환주로 권력을 쥐었으나 진나라의 대들보를 썩히고 기둥을 무너지게 했다.

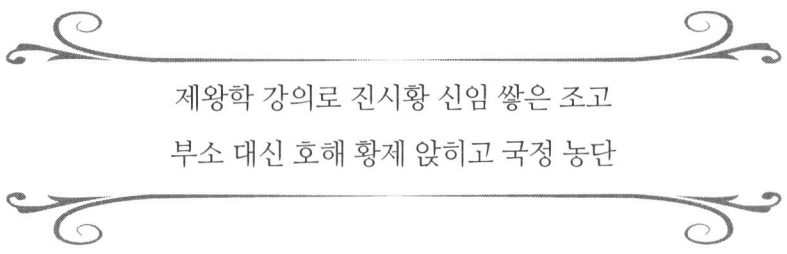

제왕학 강의로 진시황 신임 쌓은 조고
부소 대신 호해 황제 앉히고 국정 농단

조고, 진 제국을 무너뜨리다

조고는 원래 조나라 사람이었다. 그는 기원전 260년 진나라 장수 백기가 장평에서 조나라 포로 40만 명을 학살한 원수를 갚고자 했다. 그는 진시황의 최측근 환관에 올라 기회를 노렸다. 그는 진시황이 한비자(韓非子)를 흠모하는 것을 알고 제왕학을 강의하면서 신임을 쌓았다. 드디어 국새를 관리하는 권력 핵심에 올랐다. 조고는 승상 이사와 함께 권력을 장악할 기회를 노렸다.

기원전 210년 진시황은 사구(沙丘: 오늘날 한단 서북쪽 싱타이시 근처)에서 병사했다. 조고는 이사와 함께 18번째 아들 호해를 태자로 삼는 사구정변을 일으켰다. 태자였던 부소와 몽염 장군에게 죽음을 내렸다. 그는 진시황의 죽음을 알리지 않고 시신이 부패하는 냄새를 없애기 위해 썩은 생선으로 그 주변을 감쌌다. 호해는 이세황제에 올랐으나 권력은 조고 손아귀에 있었다. 조고는 호해로 하여금 진시황의 신하들과 자녀 모두를 죽이게 했다. 또한, 아방궁과 진시황릉을 축조해 국력을 쇠진시켰다.

결국, 민심이 등을 돌렸고 진승과 항우·유방 등이 곳곳에서 봉기했다. 기원전 207년 3대 황제 자영이 유방에게 투항하자 진시황이 세운 진 제국은 15년 만에 사라져 버렸다.

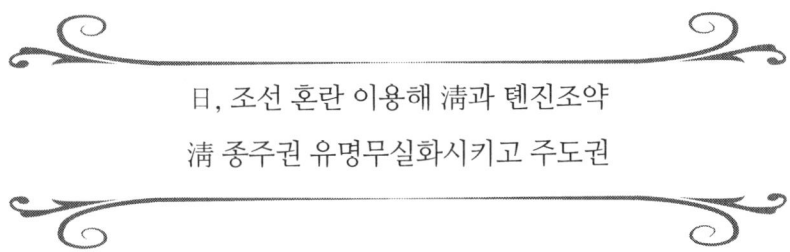

日, 조선 혼란 이용해 淸과 톈진조약
淸 종주권 유명무실화시키고 주도권

일본, 조선의 기둥을 바꾸다

일제는 한반도의 주도권을 쥐기 위해 청나라를 밀어내는 투량환주를 시도했다. 1882년 7월, 신식 군대 별기군에 비해 차별 대우를 받아온 무위영 소속 구훈련도감 군병들이 군제개혁에 불만을 품고 일본 공사관과 창덕궁을 습격했다. 일본 정부는 조선 정부의 승인도 받지 않고 육·해군 혼성부대 1,500여 명을 파병했다. 청나라군 4,000명도 고종 승인도 받기 전에 한양에 입성했다. 개화와 수구 세력 간 싸움으로 인한 내우(內憂)가 빚은 외세 간섭의 시작이었다. 조선왕조 500년을 지탱하던 정치적 대들보는 갈라지고 군사력 기둥은 하나둘 허물어지기 시작했다.

조선 정부는 일본과 제물포조약을 체결해 일본 공사관을 호위하는 1개 중대 주둔을 허용했다. 1884년 12월 개화파에 의한 갑신정변은 삼일천하로 끝나고 말았다. 일본은 정변 처리를 구실로 한성조약을 체결하고 1개 대대 병력을 용산에 주둔시켰다. 그리고 일본과 청은 조선 정부도 모르게 톈진조약을 체결했다. 조선에 청·일 양국 또는 일국이 파병을 필요로 할 때 반드시 문서로 사전 통지하고 사태가 평정되면 즉시 철병한다는 내용이었다. 조선의 운명이 다른 나라에 맡겨졌다.

조선에 대한 청나라의 종주권이 유명무실해졌고 일본은 조선에 대한 출병권을 청나라와 동등하게 가질 수 있었다. 일본이 조선의 대들보를 훔치고 기둥을 바꾼 투량환주였다.

26. 지상매괴와 간접경고

指·가리킬 지 桑·뽕나무 상 罵·욕할 매 槐·홰나무 괴
- 뽕나무를 가리키며 홰나무를 욕하다 -

적을 우회적인 방법으로 경고, 복종하게 하라

사드 배치에 따른 중국의 보복이 계속되고 있다. 한국 상품 불매와 문화교류 및 관광 제한 등 압박을 가하고 있다. 13계 타초경사처럼 목적을 달성하기 위해 직접적 위협보다 에둘러 압박하는 간접접근 전술이 지상매괴다.

일본이 청나라를 향해 휘두르는 칼끝은 사실상 조선을 향했다

적과 비슷해 변화를 줄 때 병전계

주의를 전환한 후 상대를 무력화시키다

　병전계 26계 지상매괴는 뽕나무를 가리키며(指桑) 홰나무를 욕한다(罵槐)는 뜻이다. 손가락으로 가리키는 것은 주의를 전환하기 위한 수단이며, 욕하는 것은 상대를 무력화하는 수단이다. 지상매괴의 출처는 18세기 중엽, 청나라 시대 조설근이 쓴 장편소설 『홍루몽』이다.
　이 소설은 가(賈)씨와 왕(王)씨 두 가문의 흥망성쇠를 다루면서 삶의 진정한 의미에 대한 고뇌와 성찰을 제시한다. 중국 고전소설 가운에 가장 널리 읽히는 작품이며, 마오쩌둥은 '홍루몽은 적어도 다섯 번은 읽어야 한다'고 했다.

　지상매괴는 16회에 아내 왕희봉이 남편 가련에게 하는 말 가운데 등장한다. "집안 사람들이 조금만 잘못해도 빈정댄다. 산마루에 앉아 호랑이 싸움 구경하기(坐山觀虎鬪), 남의 칼 빌려 살인하기(借劍殺人), 불난 집에 부채질하기(引風吹火), 남들 어려운 것 모른 척하기(站乾岸兒), 기름병 넘어뜨려 놓고도 일으켜 세우지 않기, 뽕나무를 가리키며 홰나무 욕하기(指桑罵槐) 등 …." 내용 일부는 36계와도 서로 통한다. 지상매괴의 다른 의도는 상대방을 공포에 떨게 만들어 자신의 의도를 따르게 하는 데 있다.

명나라 세운 주원장 넷째 아들 주체
황제 위한다는 명목 조카 측근 제거
2대 황제 주윤문 쫓아내고 황제 즉위

주체, 지상매괴로 황제에 오르다

명나라 성조는 지상매괴 전술로 3대 황제에 올랐다. 1368년 주원장은 대명(大明)을 세웠다. 햇빛이 모든 천하를 비추어 밝힌다는 뜻이다. 그는 태자 주표가 요절하자 손자인 주윤문을 후계자로 택했다. 그리고 북쪽 몽골의 침입에 대비해 왕족들로 하여금 지방을 분할해 책임지게 했다. 안으로는 조정 권신들을 견제해 중앙 집권을 꾀했다. 그런데 주윤문은 즉위하자마자 제태와 황자징의 건의를 받아 왕족을 제거하기 시작했다.

그러자 베이징을 방어하던 주원장의 넷째 아들 주체는 지상매괴 전술을 구사하기 시작했다. 황제가 되기 위한 정난지변(靖難之變, 1399~1402)의 시작이었다. 정난은 위태로운 나라를 평정함을 말한다. 그는 도연의 도움을 받아 겉으로는 황제를 위한다는 명목으로 측근 간신들을 제거하면서 측면 공격에 나섰다. 주윤문의 측근인 제태와 황자징 제거는 '지상(指桑)'에 불과했다. 매괴(罵槐) 즉, 사실상 공격의 핵심 목표는 2대 황제 주윤문이었다.

주체는 3년에 걸쳐 베이징에서 남경까지 공격해 내려왔다. 그는 북평에서 주윤문이 보낸 이경융군을 격파하고 조카의 황위를 빼앗아 3대 황제가 됐다. 한쪽은 위협하고 한쪽은 이간질한 결과였다.

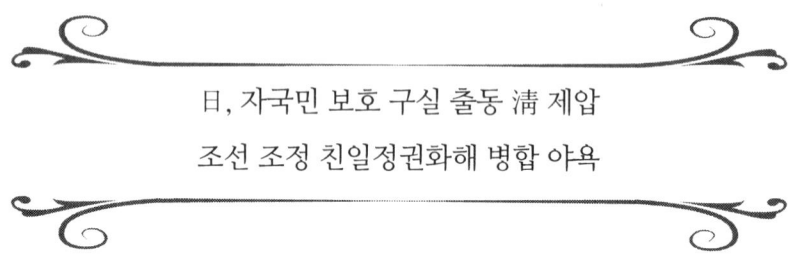

日, 자국민 보호 구실 출동 淸 제압
조선 조정 친일정권화해 병합 야욕

일본, 청나라를 가리키며 조선을 욕하다

19세기 말 일본은 조선을 삼키기 위해 이 전술을 활용했다. 뽕나무 청나라를 위협하면서 홰나무 조선 조정을 이간질했다. 1894년 2월 농민항쟁으로 야기된 동학란은 척족들의 횡포와 관리들의 부정부패가 원인이었다. 동학군이 전라·경상·충청 3도를 장악하자 조선조정은 이를 진압할 관군이 부족해 청나라에 원병을 요청했다. 6월 중순 조선 조정과 동학군이 전주화약(和約)을 맺고 실마리를 찾아갔다.

그러나 7월 청나라군 3,000여 명이 아산만을 통해 들어오고 일본군 7,000여 명이 인천을 통해 들어와 경복궁을 점령했다. 고종과 명성황후가 대원군 견제를 위해 청나라에 도움을 요청했고, 이에 일본군은 톈진조약에 따라 거류민 보호를 구실 삼아

출동했던 것이다. 7월 25일 한반도 주도권 장악을 위해 기회를 노리던 일본군은 아산만 앞바다에서 청나라 군함을 격침했다. 이어서 평양과 다롄을 점령했다.

　일본은 조선 조정을 친일정권으로 만들고 대원군을 불러들여 섭정을 다시 맡게 했다. 갑오개혁은 왕권을 약화시키고 일본의 경제적 침투를 유리하게 만들었다. 1895년 4월 청나라는 일본의 시모노세키에서 조약을 맺고 일본군이 점령한 랴오둥반도와 타이완을 일본에 넘겨주었다. 일본은 청나라를 제압하고 아시아 정복의 발판을 만들었다. 일본의 야욕은 25계 투량환주(일본이 조선의 주도권 장악)에 이어서 청나라를 가리키면서 조선을 삼키려는 지상매괴였다.

27. 가치부전과 눈속임

假 · 거짓 가 癡 · 어리석을 치 不 · 아니 부 癲 · 미칠 전
- 어리석은 척하되 미치지 않는다 -

일부러 무능한 척하여 상대를 방심하게 하라

사람들은 여름철 더위를 식히러 계곡과 바다로 간다. 인왕산 뒷자락 능선, 부암동 산책길에 석파랑이 있다. 한때 조선을 흔들었던 대원군이 별장으로 썼던 건물이다. 그가 막강한 안동 김씨 세도정치 아래서 희생당하지 않고 권력을 잡을 수 있었던 전술이 가치부전이었다.

대원군은 '투전'(남자들이 종이쪽으로 만든 도구로 방 안에서 즐겨 하던 노름)으로 세도가들의 눈을 피했다

본심을 감추고 바보처럼 행동하다

병전계 27계 가차부전은 어리석은 척하되(假癡) 미치지는 않는다(不癲)는 뜻이다. 어려운 상황을 극복하기 위해 본심을 감추고 일부러 바보처럼 행동하는 것을 비유한다. 癡는 의심(疑)이 병들어 누워 어리석은 모습이며, 癲은 머리가 거꾸로 뒤집어져(顚) 병들어 누워 미친 모습을 말한다.

원문 출처는 당 태종이 황제가 되기까지 이야기를 담은 『설당연의전전(說唐演義全傳)』의 62회다. 태종을 도운 24명 장수 중 용맹스러웠던 울지경덕이 살인죄 누명을 쓰고 살아남을 때의 일화에 나온다.

가차부전과 유사한 대지약우(大智若愚)는 큰 지혜는 어리석은 것처럼 보인다는 뜻이다. 현자는 재능을 뽐내지 않아 어리석어 보일 뿐이라는 것이다. 노자는 "대단히 곧은 사람은 도리어 비굴해 보이고, 대단히 교묘한 사람은 도리어 졸렬해 보이며, 대단히 말을 잘하는 사람은 도리어 말을 더듬는 것 같다"고 했다. 원래 지모가 뛰어난 사람은 오히려 어리석은 척한다. 이것은 안으로 큰 포부를 감추거나 어떠한 목적 실현을 위해 평소에 고독함을 즐기고 일부러 무능한 척하며 상대로 하여금 방심하게 하기 위한 것이다.

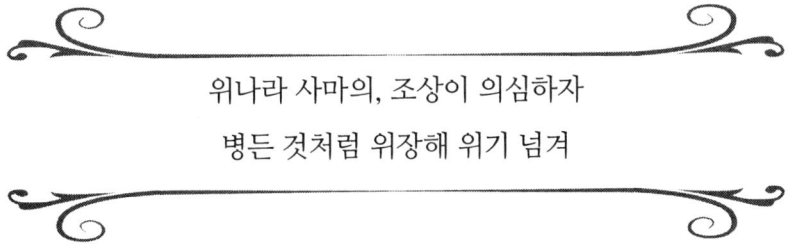

위나라 사마의, 조상이 의심하자
병든 것처럼 위장해 위기 넘겨

사마의의 가치부전

『칼을 품은 미소』는 이 전술을 가장 마지막에 위나라 사마의의 사례를 들어 소개했다. 사마의는 중국 삼국시대 위(魏)나라의 정치·군사전략가다. 그는 조조부터 조방까지 4대를 보필하며 서진 건국의 기초를 세웠다. 239년 2대 왕 조예가 임종할 때 조상(曹爽)과 사마의에게 8세였던 조진의 아들 조방(曹芳)을 보좌하도록 부탁했다. 그런데 조상은 사마의로부터 군사 통제권을 빼앗았다. 사마의는 조상으로부터 위협을 받고 생존을 위해 가치부전을 사용했다.

조상의 심복인 이승이 사마의의 동태를 파악하자 일부러 병들고 정신이 혼미한 것처럼 행동했다. 그는 국물을 일부러 옷깃에 쏟거나 말을 잘 알아듣지 못하는 척했다. 조상은 이러한 사마의가 자신에게 더 이상 위협이 되지 않는다고 판단했다. 그래서 사마의의 목숨을 살려주고 경계심을 갖지 않았다.

사마의는 기회를 노렸다. 249년 그는 조상이 어린 황제 조방과 함께 조예의 종묘에 제사 지내러 간 틈을 타 재빨리 군사를 일으켰다. 사마의는 위나라의 권력을 장악하고 조상을 처형했다. 이처럼 상대방이 강하거나 자신이 약할 때는 무능한 것처럼 꾸며 기회를 노려야 한다.

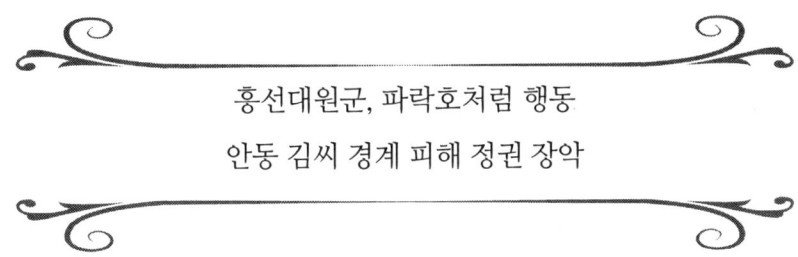

흥선대원군, 파락호처럼 행동
안동 김씨 경계 피해 정권 장악

대원군의 가치부전

조선 말 대원군은 세도를 부리던 안동 김씨 가문의 잔칫집을 찾아다니며 걸식도 서슴지 않으면서 기회를 노렸다. 1800년 정조가 갑작스럽게 죽고 11세 어린 나이의 순조가 보위에 오른 것은 조선 몰락의 신호탄이었다. 뒤를 이은 헌종과 철종의 왕권은 약화되고 친인척의 세도정치 폐단은 극심했다. 1863년 철종은 후사 없이 승하했고 고종이 12세에 즉위했다. 안동 김씨와 풍양 조씨 세력이 서로 공존할 수 있는 정치적 타협으로 대원군 이하응을 택한 것이다.

대원군 혈통은 200년 전 인조대까지 거슬러 올라가므로 이름뿐인 왕족이었다. 그러나 대원군은 오래전부터 가치부전 전술을 실행해왔다. 그는 살아남기 위해 궁도령(세상 어려움을 모르는 사람)이나 파락호(破落戶·재산과 세력 있는 집안 자손으로서 재산을 몽땅 털어먹는 난봉꾼을 일컬음) 행세를 하며 놀림과 멸시를 받았다. 그러나 뒤로는 헌종의 어머니 조대비와 몰래 약속해 순종 뒤를 이어 자신의 둘째 아들 고종을 후계로 정해놓았다.

44세 대원군은 어린 고종을 대신해 섭정(攝政)을 시작했다. 왕권 강화를 빌미로 비변사를 폐지하고 삼군부(현 서울 정부종합청사 별관 자리)를 복설했다. 1873년 섭정이 끝났지만, 임오군란 후(1882.7~8월)와 청일전쟁 직전(1894.7~10월)에도 다시 정권을 장악했다.

비록 조선이 멸망하면서 후세 사람들에게 '쇄국정책'이라는 오명(汚名)으로 각인됐으나 풍운아 대원군이 정권을 잡은 것은 가치부전으로 버티면서 기회를 노린 결과였다.

28. 상옥추제와 배수진

> **上·위 상 屋·집 옥 抽·뺄 추 梯·사다리 제**
> - 지붕으로 유인한 후 사다리를 치우다 -
>
> 일부러 허점 보여 적을 유인, 퇴로 막고 섬멸하라

19세기 말 제국주의 열강들은 자원 확보를 위해 식민지 쟁탈에 혈안이 됐다. 좁은 한양에 일본과 러시아·청나라 군사들이 비집고 들어왔다. 고종은 열강의 침입에 스스로 사다리를 치우는 상옥추제 전술인 아관파천으로 맞섰다.

고종은 러시아 공사관으로 거처를 옮겨 대한제국을 구상했다

상대를 압박해 원하는 것을 얻다

 병전계 28계 상옥추제는 지붕으로 유인한 뒤(上屋) 사다리를 치운다(抽梯)는 뜻이다. 지붕(屋)은 허점이나 함정이며 사다리(梯)는 유혹하는 수단을 말한다. 유래는 동한 말엽 207년『삼국지』제갈량전 '공명은 공자 유기에게 계교를 주고' 편에 나온다.
 "형주를 다스리던 유표의 계모 채 부인은 아들 유종을 얻었다. 장자였던 유기는 위협을 느끼고 제갈량에게 자신을 보호할

가르침을 청했으나 번번이 거절당했다. 제갈량이 유기를 방문했을 때 차 한 잔만 마시고 돌아가려 하자 유기는 다락방에 고서 한 권이 있다고 했다. 제갈량이 다락에 올랐으나 책은 없고 내려갈 사다리는 치워져 있었다. 유기는 간곡하게 제갈량의 조언을 구했다. 제갈량은 유기가 채 부인으로부터 멀리 떨어져 오나라와 촉나라 접경 지역인 강하를 지키도록 권했다. 다음 날 유비는 유표를 설득, 유기에게 군사 3,000을 주어 강하로 보내게 했다."[15]

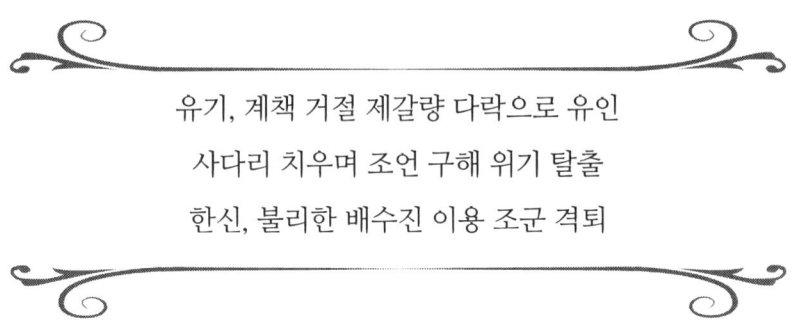

유기, 계책 거절 제갈량 다락으로 유인
사다리 치우며 조언 구해 위기 탈출
한신, 불리한 배수진 이용 조군 격퇴

한신, 배수지진(背水之陣)으로 조나라 정벌

상옥추제는 유리한 상황에서는 의도적으로 약점을 드러내 적을 방어선 안으로 유인한 다음 퇴로를 막고 완전히 섬멸하는 것을 의미할 수 있고, 불리할 때는 스스로 퇴로를 닫고 '배수(背水)의 진'을 치는 것을 뜻할 수도 있다.

---

15) 박종화 옮김, 『삼국지』 4권 (서울: 전통문화연구회, 2014), pp. 180-184.

『칼을 품은 미소』는 기원전 204년 한나라 한신이 웨이허(渭河)에서 배수진으로 조나라군을 유인 격멸한 사례를 든다. 한신은 장이와 함께 수만 명을 이끌고 동쪽으로 진격해 조나라를 치려고 했다. 조나라 진여는 정형 입구에 20만 병력을 집결시켰다. 이좌거는 진여에게 한신군이 장거리 행군으로 지쳐 있으므로 선제공격할 것을 건의했다. 진여는 듣지 않았다.

한신은 정형 입구에서 120km 떨어진 곳에 야영을 하면서 기병 2,000명에게 붉은 깃발 1개씩을 들고 조나라군 진영 가까이 매복하도록 했다. 한신은 기만 공격으로 조나라군을 성 바깥으로 유인했다. 한신과 장이가 거짓으로 북과 깃발을 버리고 강가로 달아나자 조나라군은 성을 비워 놓고 뒤쫓았다. 매복 중이던 한신군 기병대는 이 틈을 노려 조나라 성 안으로 달려 들어가 조나라 깃발을 뽑아내고 한나라의 붉은 깃발 2,000개를 세웠다.[16]

여러 장수들이 한신에게 물었다. "병법에는 산과 언덕을 오른쪽으로 등지고, 물과 못을 앞으로 해 왼쪽에 두라고 했습니다. 그런데 장군은 도리어 물을 등지고 배수진을 치라고 했는데 이는 무슨 전술입니까?" 한신은 "죽을 땅에 빠뜨린 뒤에라야 살게 할 수 있으며 망할 땅에 둔 뒤에라야 생존하게 할 수 있다"고 했다. 한신은 조나라군이 함정인 지붕에 오르게 하고 내려올 사다리를 없애버리는 상옥추제 전술로 승리했다.

---

16) 홍운숙 · 박은교 편역, 『사기열전』2 (서울: 청아출판사, 2016), pp. 387-390.

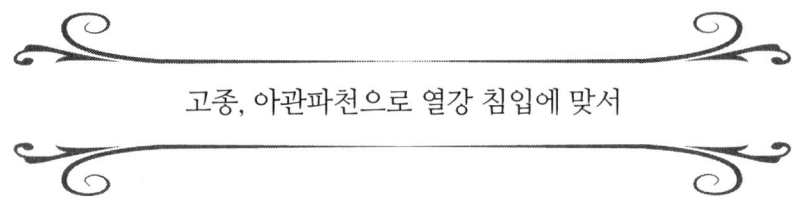

고종, 아관파천으로 열강 침입에 맞서

아관파천으로 대한제국 밑그림을 그리다

19세기 말 열강들은 조선을 먹잇감 삼아 물어뜯었다. 고종은 1873년(고종 10년) 22세가 됐다. 국왕 스스로 자신이 성인이 됐으니 대원군은 정사에 관여하지 말라는 단호한 의지를 밝혔다. 고종은 근대 국가에 걸맞은 군사력 증강을 모색했다. 청나라에 영선사를 파견해 군사기술을 습득하고 일본군 장교를 통해 신식 군사기술을 익히는 노력을 했다.

이러한 노력들은 조정 내부의 분열과 주변 열강의 한반도 주도권 다툼으로 어려움에 직면했다. 고종은 1896년 2월 11일 새벽 러시아 공사관(俄館)으로 거처를 옮겼다(播遷). 러시아 공사관을 지키는 러시아군 144명이 조선 정부를 보호하는 모양새였다. 러시아는 군사교관단을 파견해 시위대를 양성하고 조선 중앙군과 지방군을 러시아식 군제로 개편해 6,000명 규모의 친러부대를 양성했다. 조선군을 자국 영향력 범위에 둬 유사시 연합군으로 활용하려는 숨은 의도가 있었다. 이후 조선군은 2만5,000명까지 증강됐다.

고종은 1897년 2월 20일 경운궁(지금의 덕수궁)으로 환궁할 때까지 러시아 공사관에서 대한제국의 밑그림을 그렸다. 지붕 위에 올라가서 사다리를 치우듯 배수의 진을 쳐서 위기를 이겨내려 했지만 실패했던 아픈 역사적 교훈이다.

29. 수상개화와 과장

> 樹 · 나무 수 上 · 위 상 開 · 열 개 花 · 꽃 화
> - 나무 위에 꽃이 피게 하다 -
>
> 자신의 능력을 부풀려 적이 지레 겁먹게 하다

2017년 여름, 트럼프 대통령의 "화염과 분노", 김정은의 "괌에 대한 포위 사격", 말 폭탄이 거침없었다. 이렇게 흔들리는 동북아 안보 지형의 버팀목으로 을지연습이 한창이었다. 자신의 능력을 최대한 크게 보이도록 해 상대를 위협하고 겁주는 속임수가 수상개화 전술이다.

현 덕수궁 석조전과 오얏꽃은 대한제국의 근대화를 상징했다

상대 눈을 현혹해 승리를 추구하다

　병전계 29계 수상개화는 나무 위(樹上)에 꽃이 피게(開花) 한다는 뜻이다. 나무에 꽃이 피면 눈길을 끌듯 상대의 눈을 현혹해 승리를 추구하는 데 목적이 있다. 원문 출처는 『벽암록』제40칙 남천여몽상사(南泉如夢相似: 당나라 승려 남전과 육긍대부의 대화)다. 벽암록은 당나라 이후 불교 선승들의 대표적 선문답을 가려 뽑아 설명한 책인데, 여기에 '휴거헐거(休去歇去)하면 철수개화(鐵樹開花)'라는 구절이 나온다. 깨달음의 경지에 이르면 무쇠 나무에 꽃이 핀다는 말이다.

　철수는 소철(蘇鐵)을 말하는데 소철 꽃은 100년에 한 번 꽃을 피우지만 이를 육안으로 보기 힘들다. 따라서 예로부터 아주 드문 일이나 실현 가능성이 적은 일이라는 뜻으로 사용됐다. 철수개화는 병서에 응용되면서 수상개화로 변했다. 갈등(葛藤)은 칡나무를 등나무 줄기가 감고 있는 모습으로 복잡하고 까다로운 상황을 말할 때 사용된다. 그런데 등나무 꽃이 칡나무 꽃으로 보여 이를 두고 수상개화라 했다. 이것은 군사적으로 상대의 이목을 혼란스럽게 해서 시비를 분간할 수 없게 만든 뒤 목적을 달성하는 전술로 응용됐다. 허장성세(虛張聲勢)와 비슷한 의미를 갖고 있다.

춘추시대 진나라 장수 선진이 첫 사용
위나라 성 외곽에 수많은 깃발 꽂아
두려움 느낀 적들 도주…쉽게 성 함락

깃발로 오록성을 점령하다

 이 전술은 춘추시대 진(晉) 문공의 장수 선진이 처음 사용했다. 기원전 632년 그는 위주와 함께 위(魏)나라 오록성(五鹿城)으로 쳐들어갔다. 이때 선진은 군사들에게 산이나 언덕을 지나갈 때마다 군기를 꽂도록 해 수없이 많은 깃발이 나부꼈다. 위주는 "적진을 향해 소리 없이 공격해야 하는데 이렇게 많은 깃발을 꽂아 적이 미리 방어하게 하는 이유를 모르겠다"고 했다. 그러자 선진은 "많은 군기를 꽂는 것은 약소국인 위나라 백싱들이 강대국의 공격에 공포심을 갖도록 하기 위함"이라고 했다.
 오록성의 백성들이 진나라 군사가 쳐들어온다는 소식을 듣고 성 위에 올라가 보니 진나라 군기가 온 산과 언덕을 덮고 펄럭이고 있었다. 위나라 백성들은 두려움에 떨면서 달아났고 오록성을 지키던 군대도 진나라군 공격을 막을 수 없었다. 선진은 아무도 지키지 않는 오록성을 함락하고 조(曹)나라 도성을 무너뜨렸다. 이어서 성복에서 초나라 연합군을 물리치고 춘추시대 강대국으로 발돋움했다. 깃발로 승리한 셈이다.

적과 비슷해 변화를 줄 때 병전계 151

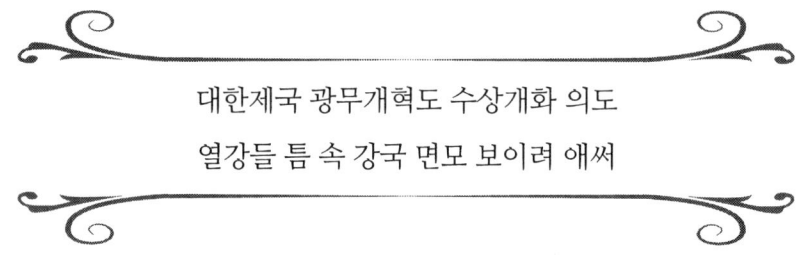

대한제국 광무개혁도 수상개화 의도
열강들 틈 속 강국 면모 보이려 애써

대한제국의 국화 오얏꽃을 피우다

19세기 말 조선은 무섭게 몰아치는 제국주의의 파도 앞에서 그야말로 풍전등화 신세였다. 고종은 조선의 허약한 나뭇가지에 오얏(자두나무)꽃을 피우려고 무진 애를 썼다. 국제정세 변화에 적극적으로 대응하기 위해 국호를 대한제국으로 변경하며 광무개혁을 시도한 것은 수상개화의 몸부림이었다. 고종은 열강들이 한반도 이권을 차지하기 위해 호시탐탐 노리는 가운데 스스로 일어나기 위한 방안을 찾았다. 을미사변 이후 러시아공관에 피신해 있던 고종은 1897년 2월 경운궁으로 환궁했다. 8월에는 연호를 광무(光武)라 고쳐 부국강병의 기치를 내세웠다.

10월 12일 고종은 경운궁(현 덕수궁) 정문을 나와 서울광장과 소공로를 거쳐 환구단(지금의 조선호텔 위치)으로 향했다. 천제를 올리고 국호를 삼국의 옛 영토를 모두 아우르는 대국을 건설한다는 뜻으로 '대한'으로 바꾸었다. 고종은 조선을 황제국으로 격상시키고 중국·일본과 대등한 위상을 가진 자주독립국임을 분명히 했다. 과거 청과의 사대관계를 상징하던 영은문을 허물고 독립문을 세웠다. 그러나 일본은 1902년 영일동맹을 체결하고 1904년 러일전쟁에서 이겨 러시아 세력을 한반도에서 쫓아냈다. 그러자 오얏꽃은 급격히 시들기 시작했고 합일합병으로 대한의 꿈은 좌절됐다.

120년 지난 오늘 대한제국은 부활을 다시 준비하고 있다. 덕수궁과 정동길을 중심으로 '대한제국 길' 역사탐방로가 조성됐다. 그 길에 어제의 오얏꽃과 오늘의 무궁화가 함께 어울려 활짝 필 것이다.

30. 반객위주와 주도권 장악

> 反·되돌릴 반 客·손님 객 爲·할 위 主·주인 주
> - 손님이 주인 노릇 하다 -
>
> 수동적인 상황을 능동적으로 전환, 주도권을 잡아라

1910년 8월 29일, 일본은 대한제국을 병합했다. 1875년 일본 군함 운요호가 강화도 초지진을 포격한 지 35년 만이었다. 고종은 주인 자리를 뺏기지 않으려 안간힘을 다했으나 역부족이었다. 일본이 주인인 대한제국을 밀어내고 한반도를 차지한 반객위주였다.

주도권을 장악하다

 30계 반객위주는 '손님이 되레(反客) 주인 노릇(爲主) 한다'는 뜻이다. 객은 손님이며 주는 주인을 말한다. 상대방의 주권이나 주도권을 빼앗아 자신이 주도권을 쥔다는 의미다. 유래는 7세기 중엽 당 태종과 명장 이정의 전술 문답을 정리한 『이위공문대(李衛公問對)』 등에 나온다.

 이 병서는 무경칠서에 포함된다. 손자병법과 사마법 등 전쟁이론을 사례를 들어 1만여 자로 서술했다. 상권 19개 장은 고대 진법과 병서에 대한 토론이고 중권 17개 장은 허실의 형세와 주객전도 전술이다. 하권 13개 장은 지형 활용과 장수의 활용 등을 논하고 있다. 당 태종은 고구려 정벌로 잘 알려져 있고 이정은 수많은 전투를 승리로 이끈 이론과 실전을 겸비한 무장이었다.

 반객위주는 중권의 군량미 조달을 논하는 부분에 나온다. 태종이 "군대는 주인이 되는 것을 귀하게 여기고 객이 되는 것을 귀하게 여기지 않는가?"라고 묻는다. 이정은 "신이 주인과 객의 형세를 비교해 헤아려보면 객을 바꿔 주인으로 만들고 주인을 바꿔 객을 만드는 방법이 있습니다(臣較量主客之勢 則有 變客爲主 變主爲客之術)"이라고 답한다.[17]

 이것은 원정 작전 때 식량의 현지 조달을 말한다. 이 책에는 고구려 정벌 전략이 등장하며 "오랑캐로서 오랑캐를 공격

---

17) 백성효, 이난주 옮김, 『위료자직해 · 이위공문대직해』(서울: 전통문화연구회, 2014), pp. 390-391. 이정은 2편 논 허실에서 반객위주를 변객위주로 표현했다.

함은 중국의 형세다"라는 태종의 말이 나온다. 나당연합작전에 임하는 당의 전략을 나타내는 것으로 당시 동아시아 국제정세를 엿볼 수 있다. 한반도의 주인이 되려 한 당나라 이후 오랜 세월이 지나 일본이 반객위주 전술을 펼쳤다.

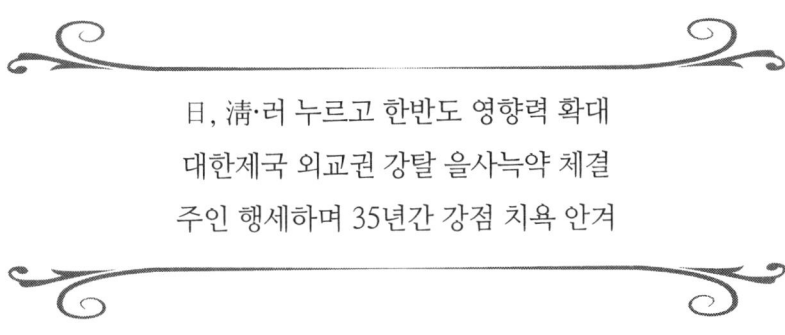

日, 淸·러 누르고 한반도 영향력 확대
대한제국 외교권 강탈 을사늑약 체결
주인 행세하며 35년간 강점 치욕 안겨

을사늑약과 외교권 강탈

일본은 청나라와 러시아를 힘으로 누르고 발톱을 드러냈다. 1905년 7월 미국과 가쓰라·태프트 밀약을 맺고, 8월에는 영국과 제2차 영일동맹을 체결했다. 9월 초에는 러시아와 포츠머스 조약을 맺었다. 한반도 주변 열강이 모두 돌아서고 대한제국은 외톨이가 됐다.

1905년 11월 17일 일제는 대한제국의 외교권을 강탈하는 을사늑약을 체결했다. 국제법상 조약 체결 절차를 거치지 않고 군대를 동원, 위협 속에 이뤄진 일방적 늑약(勒約)이었다. 일본이 밖으로 주인 행세하는 반객위주였다.

고종은 국새를 찍지 않았고 참정대신 한규설은 덕수궁 중명전에서 체결을 끝끝내 거부하다 중명전 마루방에 감금됐다. 늑약의 명칭도 없이 이완용과 박제순 등 을사오적의 서명만 남았다.

나라를 잃은 대가는 참혹했다. 일제가 한반도 주인 행세를 한 강점 세월 동안 이 땅은 태평양 전쟁의 병참기지가 됐다. 젊은이 7만여 명이 혹한의 땅 사할린으로, 아리따운 소녀들은 전장으로 끌려갔다. 러시아 연해주에 거주하던 '고려인' 17만여 명은 중앙아시아 일대로 강제 이주를 당했다.

병전계는 조선·대한제국·일제 강점기로 이어지는 역사를 통해 이해할 수 있다

병전계와 조선·대한제국의 몸부림

　병전계 전술종합훈련장은 조선말과 대한제국 역사다. 25계 투량환주(대들보를 훔치고 기둥을 바꿈)는 1882년 임오군란과 1884년 갑신정변으로 청·일군을 불러들인 것이다. 26계 지상매괴(뽕나무를 가리키며 홰나무를 욕함)는 1894년 동학혁명을 누르고 청일전쟁에서 이긴 일본의 모습이었다. 27계 가치부전(어리석은 척하되 미치지는 않음)은 고종이 1895년 을미사변으로 명성황후를 잃는 참담함을 견뎌낸 것을 들 수 있다.
　28계 상옥추제(지붕으로 유인한 뒤 사다리를 치움)는 1896년 아관파천으로 일본의 지배 야욕을 뿌리치려 배수진을 친 일, 29계 수상개화(나무 위에 꽃이 피게 함)는 1897년 대한제국 선포와 오얏(자두)꽃을 나라꽃으로 삼은 것이다. 나의 힘이 부족했으나 겉으로 강하게 보이려는 몸부림은 계속됐다.
　30계 반객위주(손님이 오히려 주인 노릇 함)는 일본이 무력으로 한반도의 주인이 된 것이다. 1904년 일본은 러일전쟁에서 승리하고 한일의정서와 제1차 한일협정을 맺어 고문정치를 시작했다. 1905년 을사늑약으로 대한제국 외교권을 빼앗았다. 1907년 정미7조약으로 자치권마저 가져갔다. 결국, 1910년 한일병합으로 일제는 조선을 완전히 삼켰고 치욕의 일제 강점 35년이 이어졌다. 대한제국 120주년을 맞아 살펴본 병전계였다.

제6부

패배 직전에 유리한 조건을 만들 때

패전계

- 미인계와 유혹
- 공성계와 심리전
- 반간계와 이간질
- 고육계와 눈가림
- 연환계와 요란
- 주위상과 반전

제6부

패배 직전에 유리한 조건을 만들 때 **패전계**

31. 미인계와 유혹

> 美 · 아름다울 미　人 · 사람 인　計 · 꾀할 계
> － 아름다운 여인으로 유혹하다 －
>
> 월나라 미녀의 눈웃음, 오나라를 멸망시키다

　2017년 봄 한국에서 방송인으로 인기를 모았던 탈북 여성이 다시 입북했다. 북한은 이들로부터 새터민 신상 정보와 국정원의 합동신문 내용, 하나원의 정착 교육 등 정보를 수집하고 있다. 아름다움을 이용한 미인계다.

한반도기와 모란꽃 뒤에 숨겨진 미소는 핵과 미사일로 돌아왔다

'육도'에 등장한 12개 계책 중 '오이미인'

36계 6부 패전계(敗戰計)는 패배 직전까지 몰린 전투에서 기사회생해 승리를 이끌어 내는 전술이다. 31계 미인계(美人計)부터 반간계(反間計) 등을 거쳐 36계 주위상계(走爲上計)로 이어진다. 핵심은 유혹(誘惑)·기만(欺瞞)·이간(離間)이다.

31계 미인계는 아름다운 여인을 계책으로 쓴다는 뜻으로 가장 먼저 등장하는 곳은 『육도』 2편 무도의 문벌(文伐)이다. 적을 무너뜨리는 12개 계책 중 오이미인(娛以美人·미인으로 하여금 즐겁게 함)이다. 『한비자』 내저설하(內儲說下) 육미(六微)편에도

패배 직전에 유리한 조건을 만들 때 패전계

나온다. 저설은 군주에게 진언할 설명 사례들을 마련해둔다는 의미다. 육미는 군주가 잘 살펴보아야 할 신하의 여섯 가지 조짐을 말한다. 주 내용은 권력이 신하의 손안에 있는 것(權借), 서로 권력을 다투는 것(參疑) 등이며 미인계는 여섯 번째, 적국이 끼어들어 신하를 내치거나 임용하는 폐치(廢置)에 등장한다.

여기에 '納美人而虞虢亡(납미인이우괵망)'이 있다. 진나라 헌공이 우와 괵 땅을 치기 위해 두 나라 왕에게 미인을 보내 마음을 현혹시킴으로써 정치를 어지럽힌 일이다. "진 헌공은 우나라와 괵나라를 치려고 굴(屈) 땅에서 나는 명마와 수극에서 나는 옥, 미인 16명을 보내 그 마음을 현혹시켜 정사를 어지럽게 만들었다(晉獻公伐虞虢乃遺之屈産之乘 垂棘之璧 女樂二人 以榮其意而亂其政·진헌공벌우괵 내유지굴산지승 수극지벽 여락이팔 이영기의이난기정)"라고 돼 있다.[18]

춘추시대 말, 오-월의 24년 전쟁…
월왕은 서시 등 미인 11명 뽑아 특수훈련
오나라 부차를 현혹하고 정세 어지럽게 해 기원전 473년 멸망

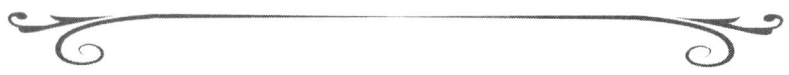

---

18) 한비, 정천구 옮김, 『내서설』하, (서울: 산지니, 2016), pp. 273-291. 저설은 군주에게 진언하기 위해 설명의 사례를 마련해둔다는 의미이며 육미는 군주가 잘 살펴 보아야 할 신하의 6가지 조짐을 말한다. 주된 내용은 권력이 신하의 손안에 있는(權借) · 시로 권력을 다투는(參疑) 등이며 미인계는 6번째 적국이 끼어들어 신하를 내치거나 임용하는 폐치(廢置)에 있다.

오나라, 서시 치마폭에 무너지다

춘추시대 말 월나라 미녀특공대 11명은 원수의 나라 오나라를 멸망시켰다. 기원전 5세기 말 양쯔강 하류의 오나라와 월나라는 24년 동안 극한 전쟁을 벌였다. 기원전 496년 오왕 합려와 월왕 구천은 접경 지역 취리(오늘날 嘉興·가흥)에서 맞붙었다. 합려는 상처를 입어 죽었고 아들 부차는 절치부심(切齒腐心: 이를 갈고 마음을 썩임) 복수를 준비했다. 2년 후 부차는 구천의 공격을 부초에서 막아내고 구천을 포로로 잡았다. 구천은 범려의 조언대로 모진 굴욕을 참았다. 그는 오나라왕 부차의 마부로 풀을 베어 말을 먹였고, 왕후는 매일 물을 길어다 마구간 청소를 했다.

구천은 부차의 신임을 얻은 후 풀려나자마자 와신상담(臥薪嘗膽: 장작을 베개 삼고 쓸개 맛을 봄)하며 오나라를 멸망시킬 준비를 했다. 월나라 최고 미인 서시 등 11명을 뽑아 특수훈련을 시켜 부차를 현혹하고 정세를 어지럽게 만들도록 했다. 오나라 재상 오자서는 서시가 부차의 눈을 가리므로 미인계를 조심하라고 충고했으나 차도살인으로 제거당하고 말았다. 마지막으로 제나라와 진나라 북벌을 유도해 수도 고소성(오늘날 蘇州·소주)을 비우게 했다. 기원전 473년 오나라는 부차의 약화된 체력과 쇠약한 국력 탓으로 멸망했다.

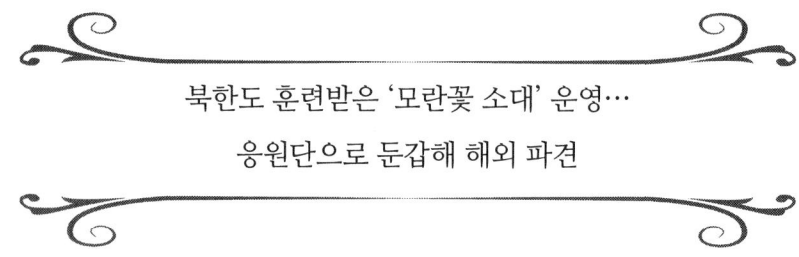

북한도 훈련받은 '모란꽃 소대' 운영…
응원단으로 둔갑해 해외 파견

모란꽃 미소에 숨은 칼

우리도 월나라 미녀특공대를 본뜬 북한 모란꽃 소대의 미소에 현혹됐던 때가 있었다. 북한은 핵 개발 시간을 벌기 위해 올림픽과 아시안게임 등에 남북 단일팀을 구성했다. 이때 미인들로 구성된 응원단을 전위대로 내세웠다. 북한 정찰총국 산하에 20대 초·중반 여성들로 조직된 '모란꽃 소대'다. 이들 270명은 만경봉호를 타고 부산아시아경기대회(2002)에 첫 모습을 드러냈다. 이어서 대구유니버시아드(2003)와 인천 아시아육상선수권대회(2005) 등에도 나타났다. 응원단은 출신 성분과 노동당에 대한 충성심이 검증된 준수한 외모의 여성들이었다. 대학생이나 선전대 및 음악대학 학생들로 구성됐다.

모란꽃 소대원들은 체육 행사 때는 응원단이지만 간첩 양성소인 김정일 군사정치대학에서 4년 동안 외국어·혁명사상·타격훈련 등을 배우고 정찰총국에서 현지화 교육을 받은 뒤 해외 공작에 파견되고 있다. 대회 기간 중 이들이 흘린 미소는 가는 곳마다 인기와 화제를 불러일으켰다. 그러나 그들의 뱃속에 숨겨진 핵 개발 야욕은 찾아내지 못했다.

미인계는 다양한 형태로 전 세계 곳곳에서 통용돼 왔다. '천하 영웅도 미인관(美人關)은 넘기 힘들다'라는 말이 있다.

32. 공성계와 심리전

> 空·빌 공 城·재 성 計·꾀할 계
>
> — 성을 비워 이기다 —
>
> 없으면 더욱 없는 척하며 적의 오판을 유도하라

북한의 핵과 탄도미사일 불꽃이 심상치 않다. '더 많은 선물'과 '테이블 위에 있는 모든 옵션' 불씨는 한반도를 잿더미로 만들 수 있다. 가까운 곳은 비워두고 먼 곳을 위협하는(近空遠威) 고도의 심리전 공성계다. 가까운 곳, 실제 목표는 우리다.

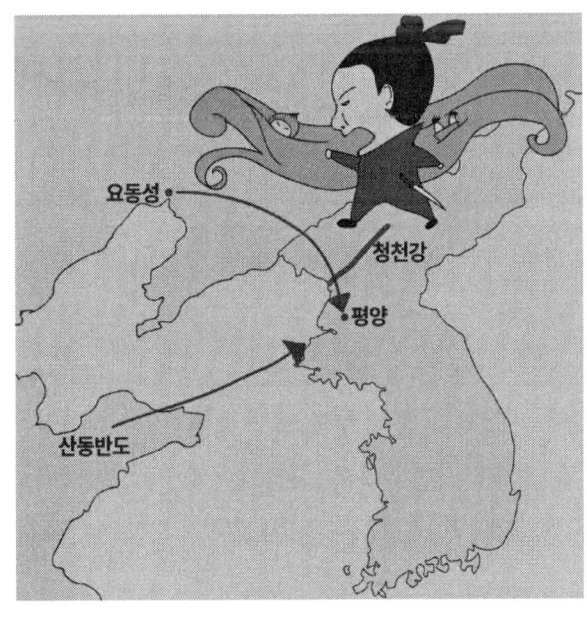

을지문덕 장군은 강물을 비우는 공수계로 수나라군을 격퇴했다

패배 직전에 유리한 조건을 만들 때 패전계

空에 空 더하고 虛에 虛 더해

 패전계 32계 공성계는 성을 비워(空城) 궁지에 빠뜨린다는 뜻이다. 일종의 심리전이다. 空은 구멍(穴·혈)에 도구(工)가 더해진 글자로 땅을 파서 구멍을 만든 것이니 '비어 있다'를 나타낸다. 城은 흙을 높이 쌓아(土) 방벽을 지어 백성을 지키는 것(成)이다. 그런데 공성은 空에 空을 더하고 虛에 虛를 더한다. 그럼으로써 상대방이 虛를 實로 보는 어리석음을 범하는 것을 노릴 수 있다.

 공성계는 『손자병법』 '허실(虛實)'에서 유래했다. '能使敵人不得至者 害之也(능사적인부득지자 해지야) 吾所與戰之地 不可知(오소여전지지 불가지)'라고 했다. '적으로 하여금 오지 못하게 하려면 해롭다는 생각이 들게 해야 한다. 내가 싸우려 하는 곳을 적이 알지 못하게 해야 한다'라는 뜻으로 허전(虛戰)을 말한다. 공성계 원전에 나오는 '虛者虛之 疑中生疑(허자허지 의중생의)'는 빈 것을 더 비워 의심 속에 더욱 의심을 낳게 한다는 뜻이다. 이것은 적으로 하여금 나의 허실을 눈치채지 못하도록 해 오판하도록 유도하는 虛張聲勢(허장성세)이기도 하다.

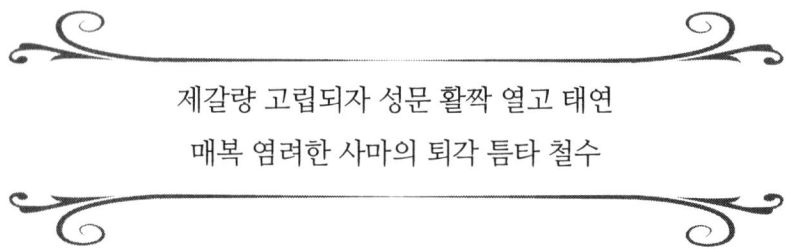

제갈량 고립되자 성문 활짝 열고 태연
매복 염려한 사마의 퇴각 틈타 철수

거문고 1대로 15만 군사 격퇴

　공성계 사례는 『삼국지』 제갈량전 서성 방어전이 잘 알려져 있다. 228년 제갈량은 8만 대군으로 4차 북벌에 나섰다. 제갈량은 원정군의 보급에 필수적 요충지인 가정을 주목했다. 그는 마속과 왕평에게 여러 갈래 골짜기가 만나는 곳에 병력을 배치하라고 명령했다. 그런데 마속은 반대로 병력을 8부 능선 위로 배치해 위나라군의 공격을 막으려 했다. 위나라 사마의는 가정 후방을 차단한 후 마속군의 식수원을 끊고 화공을 전개해 제갈량이 이끄는 본대의 후방 보급을 차단했다. 마속은 전략적 요충지 가정 땅을 잃고 말았다.
　사마의가 15만 대군을 이끌고 제갈량이 지키는 서성으로 쳐들어왔다. 고립된 제갈량은 비장의 카드를 던졌다. 그는 성문을 활짝 열고 노약자들이 아무 일 없는 듯 태연하게 거닐도록 했다. 성곽 위에서 깃털로 만든 부채를 들고 거문고를 뜯었다. 이를 본 사마의는 성 안쪽에 촉나라군이 매복 중인 것으로 판단하고 멈칫했다. 성문이 열려 있고 병졸도 없으니 자신 있으면 잡아가라는 제갈량의 속임수로 여겼다. 결국, 사마의는 퇴각했고 제갈량은 무사히 한중으로 철수할 수 있었다. 석 자 거문고로 15만 대군을 물리쳤다. 전투가 끝나고 마속의 죄를 물은 것이 읍참마속(泣斬馬謖)이다.
　사마의는 제갈량이 자신의 목적 달성을 위해 상대방 심리를 이용한 전술을 격장법(激將法: 상대방을 자극해 화나게 하는 전술)이라 했다.

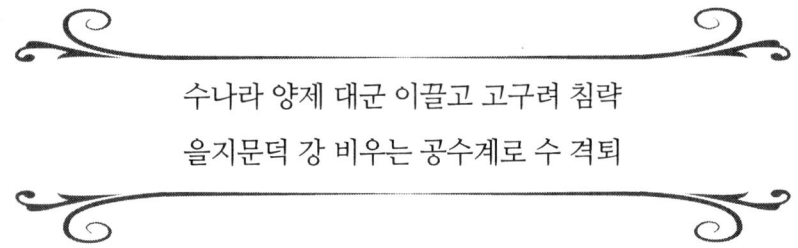

수나라 양제 대군 이끌고 고구려 침략
을지문덕 강 비우는 공수계로 수 격퇴

수나라군, 비어 있는 강물에 빠지다

제갈량은 성을 비워 이겼고 을지문덕은 들판을 비우고 강물을 막아 이겼다. 중국을 통일한 수 문제는 598년 30만 명으로 고구려 국경 지역 요하를 침공했다. 그러나 홍수와 전염병으로 대다수 병력을 잃고 물러섰다. 뒤를 이은 양제는 612년 2월 113만 명 대군을 이끌고 요동반도와 서해를 건너와 평양성을 공격하려 했다. 고구려는 들판을 깨끗이 비우고 성에 들어가 싸우는 청야입보(淸野入保)로 맞섰다. 평시에는 농사를 짓다가 전시에는 모든 식량을 성 안으로 옮겨 장기전을 펼쳤다. 적은 황량한 들판에서 한 톨의 쌀도 구할 수 없었다.

수 양제는 요동성에서 주력이 돈좌되자 30만 명의 별동대를 투입했다. 을지문덕은 수나라군과 적극적 교전을 회피하면서 청천강(薩水·살수) 이남으로 깊숙이 유인했다. 5계 이일대로(以逸待勞·적군이 지칠 때를 기다려서 공격함) 전술로 기회를 노렸다. 을지문덕은 "철수하면 영양왕을 모시고 문제를 알현하겠다"는 거짓 항복 의사로 수나라군의 철수를 제안했다. 7월 하순 우문술 별동대가 철수를 개시해 청천강을 건너기 시작했다.

고구려군은 청천강 상류에 미리 막아 놓았던 강둑을 무너뜨려 수나라군을 수장시켰다. 30만 명 가운데 돌아간 병력은 3,000여 명에 불과했다. 지금은 대동강 물을 막아 김정은의 헛된 망상을 수장시킬 을지문덕의 지혜가 필요하다.

33. 반간계와 이간질

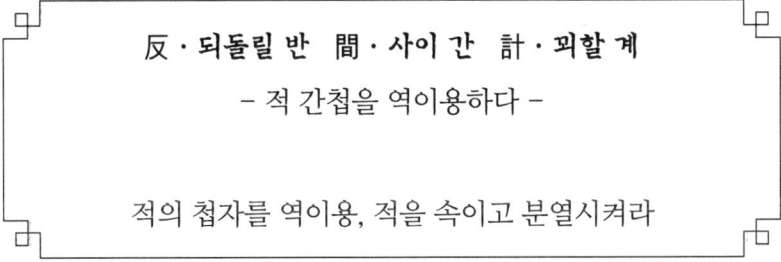

영화 '스파이 게임'에서 CIA 요원 앨리스 라신은 내부 적을 찾고 테러 조직의 바이러스 공격도 막아야 한다. 적 스파이에게 거짓 정보를 줘서 적을 이간시키고 속게 만들며 거꾸로 이용하는 반간계가 눈길을 끈다.

오늘날 가짜뉴스는 전 세계에 동시에 전파되는 디지털 핵폭탄의 위력을 지녔다

다양한 유형의 간첩 활용

패전계 33계 반간계는 적 첩자를 역이용(反間)한다는 뜻이다. 이 전술은 손자병법 13편 용간(用間)의 이간계(離間計)에서 유래했다. 손자는 간첩을 운용하는 5개 유형을 말했다. 그는 '향간(鄕間)은 적 고향 출신이나 포로를 간첩으로 이용하며 내간(內間)은 적을 매수해 간첩으로 이용하는 것이다. 사간(死間)은 아군 간첩을 희생하면서 적진에 거짓 정보를 흘리는 것이고, 생간(生間)은 적 진영에 간첩을 보내 첩보를 획득한다. 반간(反間)은 적 첩자를 이용하거나 거짓 정보를 흘리는 권모술수의 절정이다'라고 했다.

구체적으로 '反間者, 因其敵間而用之(반간자 인기적간이용지)'에서 반간은 적 간첩을 포섭해 아군 첩자로 활용하는 이중간첩을 말한다. 여기에서 間(이간질)은 적을 서로 의심하게 하며, 反間(반이간질)은 적 의심에 부응해 그 의심이 사실인 것처럼 만들어준다. 간과 반간의 목적은 서로 다르다. 間(이간질)은 적 내부를 서로 의심하도록 만들며, 반간은 적 간첩을 역이용해 그들 자신을 이간시키는 것이다.

손자는 반간을 통해 적 내부 사정을 알 수 있으므로 향간이나 내간을 이용하거나 사간과 생간을 잘 활용하도록 했다. 아울러 전쟁 승패는 정보전에 달려있다(此兵之要·군사활동 핵심)고 했다.

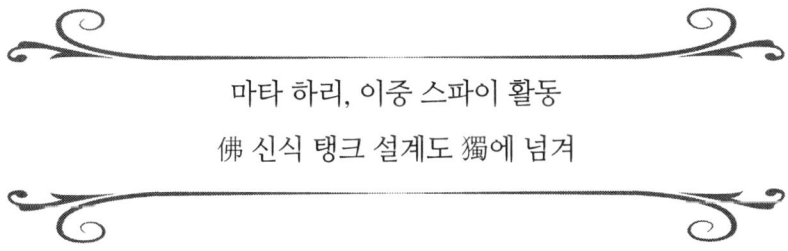

마타 하리, 이중 스파이 활동
佛 신식 탱크 설계도 獨에 넘겨

마타 하리, 213515

말레이어로 '여명의 눈동자'라는 뜻인 마타 하리는 프랑스와 독일을 오간 이중 스파이였다. 1915년 3월 제1차 세계대전이 한창일 때 독일은 프랑스 장군의 비밀금고에 신식 탱크 설계도가 있다는 정보를 입수했다. 그녀는 이것을 훔쳐오라는 지령을 받고 장군을 유혹하기 위해 꾀를 냈다. 프랑스 해군장교

생일 축하 무도회에 그를 초대해 춤을 함께 추며 품에 안았다.

프랑스군 탱크 설계도는 장군의 서재에 걸린 오래된 그림 뒤의 밀실에 감춰져 있었다. 그런데 밀실 문 열쇠는 0에서 9까지 숫자판이었다. 독일군은 밀실의 비밀번호가 6자리라고 알려 주었으나 6자리 숫자가 만들 수 있는 경우의 수는 15만 1,200개였다. 일일이 눌러보려면 한 달 이상 시간이 필요했다. 그녀는 장군이 평소 기억력이 좋지 않다는 말을 떠올렸다. 밀실 주변에 단서가 될 만한 것을 찾아보았다. 낡고 오래된 괘종시계가 9시 35분15초에 멈춰 있는 것을 보고 비밀번호의 단서를 찾았다. 9시는 21을 의미했고 번호 213515를 누르는 순간 밀실 문은 열렸다.

1917년 프랑스는 그녀를 '연합군 5만 명의 목숨과 바꿀 수 있는 정보를 넘겼다'는 혐의로 처형했다. 그녀의 이야기는 뮤지컬 마타하리로 다시 태어났다.

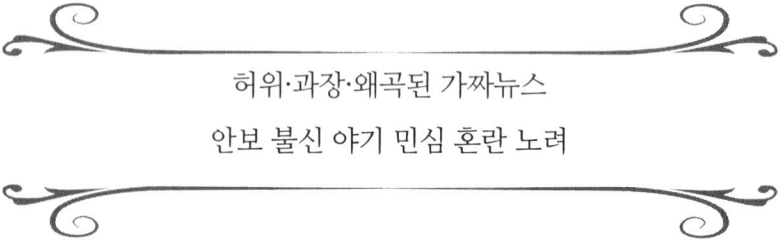

허위·과장·왜곡된 가짜뉴스
안보 불신 야기 민심 혼란 노려

가짜뉴스는 안보 불신 이간질

오늘날 반간계는 다양한 형태로 진화했다. 사람보다 온라인의 '가짜뉴스'가 파괴력을 지닌다. 냄새 고약한 바퀴벌레가 내뱉는 비어(蜚語)들이 세상을 어지럽힌다. 조선 시대에는 민심을 혼란시키는 요사스러운 요언(妖言)을 퍼뜨리는 자는 극형에 처했다.

반전평화를 추구한다는 단체들은 국가안보를 위한 군사기지 건설을 막기 위해 툭하면 인간 띠를 잇거나 드러누웠다. 2001년부터 시작된 미군기지 평택 이전 사업 반대 집회에서는 죽창과 쇠파이프가 등장했다. 7년 전 천안함 폭침도 우리 기뢰(機雷)에 부딪혀 침몰한 것이라고 주장했다. 북한 어뢰 공격이라는 명백한 증거가 발견됐음에도 그들은 아직도 북한 소행임을 부정하고 있다. 1989년부터 구상했던 제주 강정 해군기지는 2010년 공사를 시작해 지난해 준공식을 했다. 기지 건설을 반대하는 사람들은 바다로 흐른 용암과 해안에서 솟은 바위가 합쳐져 만들어진 구럼비 바위를 제거하는 것을 환경파괴로 몰아 공사를 방해했다.

최근에는 사드 전자파가 성주 주민들의 건강을 해치고 꿀벌들을 사라지게 해 참외 농사에 해가 된다는 괴담이 난무하기도 했다. 모두가 군과 국민을 이간질시키는 반간계다. 북한 핵 앞에서 평화협정 체결과 미군 철수를 주장하는 그들이 반간계의 핵심이다. 휴대용 전화기를 통해 퍼트리는 허위·과장·왜곡의 가짜뉴스들이 심각한 분열과 교란의 수단이다.

34. 고육계와 눈가림

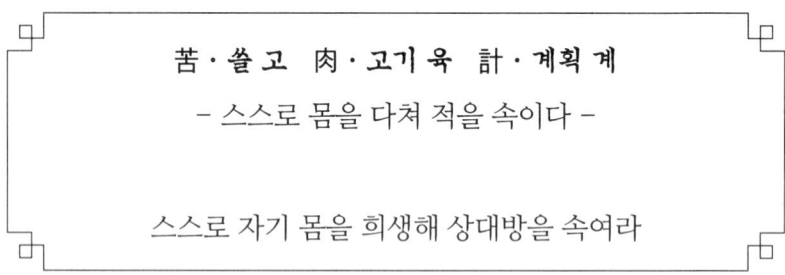

苦·쓸 고 肉·고기 육 計·계획 계
- 스스로 몸을 다쳐 적을 속이다 -

스스로 자기 몸을 희생해 상대방을 속여라

가을 산행을 하면서 계곡을 건널 때 가끔 도마뱀의 모습에 놀란다. 도마뱀은 위험에 처하면 꼬리를 잘라 내버리고 도망친다. 인간은 적을 속이기 위해 스스로 몸을 해치고 적진 속으로 뛰어드는 가장 잔인한 고육계를 사용했다.

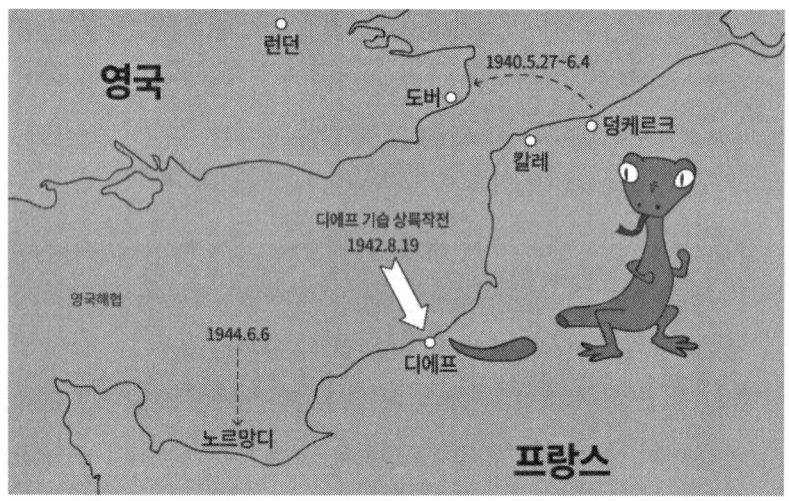

디에프 상륙작전은 노르망디 상륙작전의 미끼로 사용된 고육계였다

몸을 다쳐 적을 속임

패전계 34계 고육계는 자기 몸을 희생(苦肉)해서 적을 속인다는 뜻이다. 苦는 '해친다'라는 뜻이며, 肉은 고깃덩어리의 단면 힘살 모양을 형상화한 글자로 육체를 말한다.[19] 이 전술은 약한 모습을 보여 동정을 얻으면서 의도를 숨긴 채 기회를 기다려 목적을 이루는 것이다.

고육계는 『오월춘추』에 나오는 '要離斷臂刺慶忌(요리단비자경기)'에서 유래했다. 기원전 5세기 초 오나라 합려는 사촌동생 오왕 요(僚)를 제거하고 왕이 됐다. 요의 아들 경기는 위나라로 망명했다. 합려는 요리(要離)를 시켜 경기를 없애도록 했다. 요리는 위나라의 신임을 얻기 위해 처자식을 모두 죽이고 위나라로 가서 경기를 제거했다.

사람은 스스로를 해치지 않으므로 해를 입으면 적은 의심하지 않는다. 고육계는 강적을 만나면 약함을 드러내 적을 속이고 때를 기다려 반전을 노린다. 겉으로는 적에게 첩보를 제공하고 실제로는 적 내부에 들어가 임무를 수행한다. 이로써 적 내부에 갈등과 반복을 야기시키고 아군이 필요할 때 동조를 유도한다.

가장 유명한 고육계 사례는 기원전 208년 적벽대전이다. 조조군에서 주유군으로 채중과 채화가 거짓 투항했다. 주유는

---

19) 신문으로 배우는 실용한자, 『조선일보』(2017.10.10). 상대방을 속이거나 함정에 빠뜨리기 위해 자기편을 고의로 해치는 전술을 말한다. 苦는 풀의 뜻인 ++(초)와 古(옛 고)가 더해진 글자로 본래 씀바귀 뜻을 나타내며 쓰다와 괴롭다 뜻은 파생됐다. 策은 대나무 뜻인 竹과 束(가시 자)가 더해진 글자로 본래 채찍의 뜻이며 대쪽과 꾀는 파생됐다.

이들을 속이려고 가장 신임하는 장수였던 황개를 곤장형에 처했다. 황개가 조조에게 보낸 항복 문서에 속은 조조군은 대패했다.

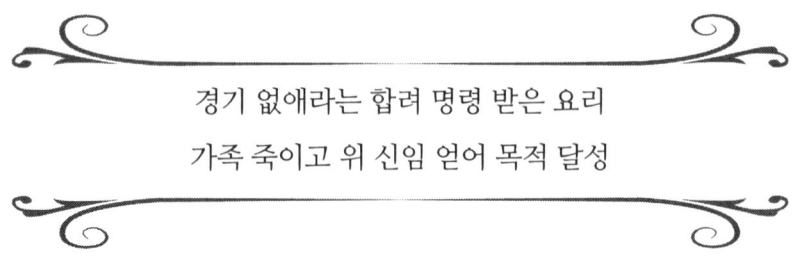

경기 없애라는 합려 명령 받은 요리
가족 죽이고 위 신임 얻어 목적 달성

소진, 제나라 국력 약화

이보다 앞선 전국시대 말에 연나라 소진은 고육계로 산동반도의 강대국 제나라의 국력을 약화시켰다. 연나라 소왕(기원전 312~279)은 제나라에 패해 수모를 당했던 선왕의 복수를 위해 28년 동안 절치부심했다. 안으로는 악의(樂毅) 장군을 시켜 군사력을 건설하고, 밖으로는 소진으로 하여금 고육계로 제나라 재상이 되게 했다. 소진은 연나라에서 거짓으로 반란을 일으키고 제나라로 피신했다. 그런 다음 제나라 민왕(기원전 301~283)에게 위·초나라를 공격하도록 유도해 국력을 소진시켰다.

소진은 위나라로 망명했던 맹상군이 보낸 자객에게 치명상을 입어 죽음을 앞두고 다시 고육계를 썼다. 민왕에게 자신을 연나라 간첩으로 만들어 거열형(車裂刑: 죄인 몸을 다섯 필 말에 묶어 사지를 찢어 죽임)을 내리도록 했다. 자객에게는 소진을 죽인 공적으로 상을 받도록 유혹해 배후를 일망타진하게 했다.

이후 연나라는 주변의 조·위나라 등 5개국 연합군 30만 명과 함께 제나라를 공격해 수도 임치를 정복했다. 4세기 중반 손빈과 전기가 계릉과 마릉에서 위나라를 물리쳤던 강대국 제나라는 소진의 고육계에 국력이 급속히 약해졌다. 결국, 기원전 221년 진나라에 정복당했다.

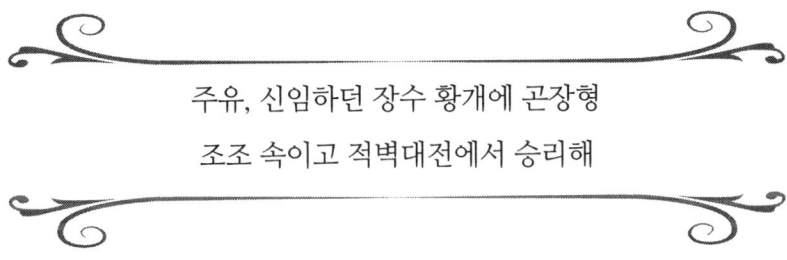

주유, 신임하던 장수 황개에 곤장형
조조 속이고 적벽대전에서 승리해

노르망디 미끼, 디에프 기습작전

1944년 6월 미·영 연합군은 노르망디에서 덩케르크의 치욕을 갚았다. 기적의 승리는 어디에서 왔을까? 2년 전 노르망디와 칼레의 중간에 있는 해안 도시 디에프 기습 작전이었다. 영국군은 1915년 4월 말 갈리폴리 전투에서 사상자 13만여 명을 낸 이후 상륙작전에 흥미를 잃었다.

1942년 5월 영국군은 일본군의 인도양 진출을 저지해야 했다.

프랑스 비시 정부 소유의 마다가스카르섬 상륙작전을 감행했다. 영국군은 대서양 1만4,500km를 돌아 상륙하는 철갑작전에 성공해 자신감을 회복했다. 처칠은 독일군 격퇴를 위한 미끼가 필요했다. 독일군이 점령한 프랑스 해안을 따라 기습작전을 지시했다. 연합군 작전은 독일군이 점령한 주요 항구를 일시적으로 점령해 정보를 모으고 독일군 반응을 살피는 데 목적이 있었다.

8월 19일 캐나다군 2개 보병여단 6,100명이 디에프 항구를 기습하는 주빌리 작전에 투입됐다. 독일군의 방어 상태나 상륙지점 지형 분석이 결여된 무모한 작전은 끔찍한 고통을 낳았다. 캐나다군 1,000명 이상이 전사하고 2,300명이 포로가 됐다.[20] 캐나다 사람들은 유럽 전장에 처음 파병된 캐나다군이 처칠이 계획한 고육계의 희생물이 됐다고 했고, 많은 역사가들은 '디에프의 교훈'이라 불렀다. 작은 미끼는 훗날 노르망디 승리라는 월척(越尺)을 낚았다.

---

20) 폴 케네디 글, 김규태·박리라 옮김, 『제국을 설계한 사람들』(서울: 21세기 북스, 2015), pp. 312-315.

35. 연환계와 요란

> 連·이을 연 環·고리 환 計·꾀할 계
>
> - 전술을 연결하다 -
>
> 여러 계책을 엮어 스스로를 옭아매도록 만들어라

2017년 가을은 한가위와 한글날로 이어져 황금연휴가 10일간 이어졌다. 연환은 쇠로 된 고리를 잇달아 꿰어 만든 사슬을 말한다. 북한의 핵실험 대응책으로 중국 금융기관과 기업 제재·전략자산의 북방한계선 이북 무력시위 등 다양한 전술이 연환계다.

소련군은 시베리아 횡단철도로 극동군을 신속히 이동시켜 모스크바를 구했다

상황에 따라 여러 전술을 활용

 패전계 35계 연환계는 피아 상황에 따라 여러 전술을 연계한다는 뜻이다. 이 전술은 3계 차도살인(借刀殺人)에 나왔던 『병경백자』 지부(知部) 질(迭·번갈아 하기)에서 유래했다. 여기에 '大凡用計者 非一計之可孤行 必有數計以攘之也(대범용계자 비일계지가고행 필유수계이양지야)'라고 했다. 대개 계획을 쓰는 사람은 하나의 계획을 단독으로 실행하지 않고 반드시 여러 계획을 섞어 보조한다는 말이다.
 연환계의 전술적 활용은 손자병법 시계(始計) 편 '궤도(詭道·적을 속임)'에 구체적으로 나온다. '能用近遠而示之不能用遠近(능용근원이시지불능용원근)'은 싸울 능력이 있으면서 없는 것처럼·공격하려 하면서 하지 않는 것처럼·가까운 곳을 노리면서 먼 곳을 노리는 것처럼·먼 곳을 노리면서 가까운 곳을 노리는 것처럼 보여야 한다는 뜻이다.
 그리고 '利亂實强而誘取備避之(이난실강이유취비피지)'는 적이 이익을 노리면 이익을 줘 유인하고·적이 혼란스러우면 기회를 틈타 공격하고·적이 튼튼하면 대비하고·적이 강하면 빈틈을 노려야 한다는 것이다.
 또한, '怒卑佚親而撓驕勞離之(노비일친이요교노이지)'는 적 기세가 등등하고 낮추거나 편안하고 서로 친하면, 흔들고 교만하거나 힘들게 하거나 이간시킨다는 뜻이다. 이렇게 여러 전술을 요란(擾亂)하게 엮는 것이 연환계다.

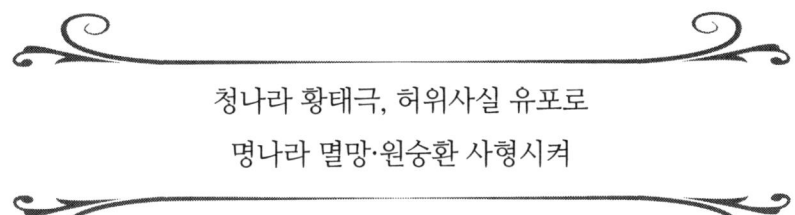

청나라 황태극, 허위사실 유포로
명나라 멸망·원숭환 사형시켜

청나라, 연환계로 명나라를 멸망

17세기 초 명나라 후반 숭정제에 이르러서 조정은 빼앗는 것만 있고 주는 것이 없었다. 나라 곳간이 비어가자 환관 무리들은 금광 개발로 자신들 배를 채웠다. 세금을 가혹하게 거두고 백성의 재물을 빼앗는 가렴주구(苛斂誅求)였다. 1618년 만주에서 세력을 키운 후금 누르하치는 이 틈을 놓치지 않고 명나라를 침공했다. 1626년 명나라 명장 원숭환은 후금과의 영원대첩에서 큰 승리를 거뒀다. 누르하치 뒤를 이은 황태극은 원숭환을 제거하고 명나라를 멸망시키는 연환계를 모색했다.

가장 먼저 반간계(反間計)로 명나라 환관들로 하여금 거짓 소문을 내게 했다. 원숭환이 후금과 내통하던 모문룡을 제거한 것을 오히려 원숭환이 내응(內應)했다고 꾸몄다. 후금의 포로가 됐던 양통과 유달을 시켜 원숭환이 후금과 접촉했다는 허위 사실도 유포했다.

명나라 조정 대신들을 분열시키고 강 건너 불구경을 하는 격안관화(隔岸觀火)였다. 숭정제의 원숭환에 대한 신임은 흔들렸고 결국 사형시켰다. 황태극이 손에 피 한 방울 묻히지 않고 원숭환을 제거한 차도살인(借刀殺人)이었다. 이렇게 청나라는 중국 대륙을 연환계로 삼켰다.

전쟁 시 병력·장비·물자 신속 운반
객차 연결고리 '연환' 덕분

객차를 연결해 대병력 수송

19세기 초 발명된 증기기관차는 대량 수송 수단으로 산업 혁명에 기여했다. 전쟁에서도 병력·장비·물자의 신속한 운반으로 전략적 기동이 가능했다. 많은 객차를 서로 이어주는 연결고리 덕분이었다. 1937년 일본군은 중·일전쟁 승리 뒤 1939년 5월 몽골 초원 할힌골강에서 소련군과 국경선 문제로 일전을 벌였다. 소련군 게오르기 주코프는 전차와 항공기의 우세한 기동력과 화력을 앞세워 승리했다. 그 후 만주는 소강상태를 유지했다.

그런데 1941년 6월 독일군의 기습 공격으로 모스크바가 함락 위기에 놓였다. 이때까지 소련 극동군 40만 명은 일본군 북진을 저지하려고 만주에 발이 묶여 있었다. 이때 일본에서 활동하던 소련 스파이 리하르트 조르게의 첩보가 날아왔다. 일본군이 북진을 멈추고 석유와 천연고무 확보를 위해 인도네시아와 말레이시아로 공격 방향을 돌리기로 했다는 내용이었다.

스탈린은 극동군 18개 사단과 전차 1700대를 시베리아군에 합류시켜 우랄산맥 서쪽으로 신속히 옮겼다. 1916년 완공된 9288km 시베리아 철도가 큰 공로자였다. 흰색 설상복의 붉은 유령 소련군은 독일군을 공포에 빠뜨렸다. 주코프는 모스크바를 구해 내고 스탈린그라드를 포위하고 있던 독일군 제6군마저 궤멸시켰다. 주코프 승리는 신속한 이동이 가능하게 한 객차 연결 고리 연환 덕분이었다.

36. 주위상과 반전

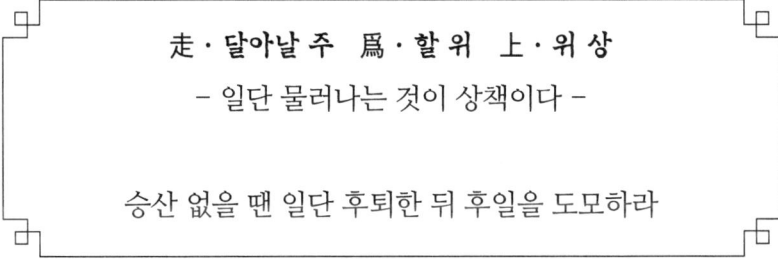

走·달아날 주　爲·할 위　上·위 상
- 일단 물러나는 것이 상책이다 -

승산 없을 땐 일단 후퇴한 뒤 후일을 도모하라

　1계 만천과해 기만부터 35계 연환계 요란까지 치열한 공방을 펼쳤다. 그럼에도 상황이 불리하면 잠시 물러나 전투력을 복원한 후 기회를 노리는 전술이 주위상이다. 2보 전진을 위해 1보 후퇴하면서 반전(反轉)을 꾀한다.

불리하면 물러나 기회를 엿본다

　36계 병법 가운데 마지막 36계는 주위상(走爲上)이다. '달아나는 것이(走) 최상의 전술(爲上)'이라는 뜻이다. 힘이 약할 때 일단 피했다가 힘을 기른 다음에 다시 싸우는 작전상 후퇴다. 이 전술은『회남자』15편 병략훈(兵略訓·전쟁 가르침)에서 유래했다. '夫實則鬪 虛則走 盛則强 衰則敗(부실즉투 허즉주 성즉강 쇠즉패)'는 전투력이 실하면 싸우고 허하면 달아나며, 왕성하면 강해지고 쇠약하면 패배하게 된다는 뜻이다.

　이 전술은『병경백자』利·委·延에 구체적으로 나온다. 먼저 이(利·이롭게 하기)에서 '退而不失地 則退也 避而有所全 則避也 北有所誘 降有所謨 委有所取 棄有所收 則北也 降也 棄也(퇴이부실지 즉퇴야 피이유소전 즉피야 배유소유 항유소모 위유소취 기유소수 즉배야 항야 기야)'라고 했다. 물러서도 땅을 잃지 않으면 물러서고, 피해서 보전할 것이 있으면 피해야 한다. 패배해도 유인할 곳이 있거나, 항복해도 꾀할 것이 있거나, 넘겨줘도 취할 것이 있거나, 버려도 거둘 것이 있으면 패배하고 항복하고 버려야 한다고 했다. 패배는 거짓으로 패배한 것처럼 보이면서 군사력 운용을 이롭게 하는 데 사용해야 한다는 말이다.

　다음으로 위(委·일부러 내어 주기)는 적에게 보루와 토지를 내줘 교만하게 만드는 것이다(委壘塞土地以驕之·위루새토지이교지). 그리고 연(延·지연하기)에서 '敵鋒甚銳 少俟其怠 姑勿與戰 亦善計也(적봉심예 소사기태 고물여전 역선계야)'라고 했다. '적 기세가 매우 날카로우면 잠시 적군이 무뎌지기를 기다려야 한다.

시기가 싸울 만하지 않으면 잠시 싸우지 않는 것도 좋은 방법이다'라는 뜻이다. 삼십육계 줄행랑에서 줄행랑은 주행(走行)이 변한 말이다.

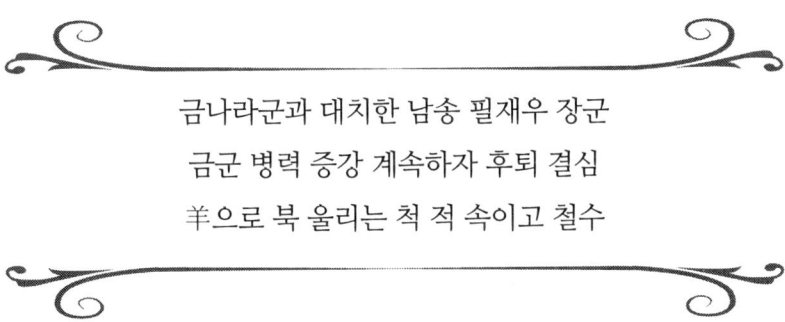

금나라군과 대치한 남송 필재우 장군
금군 병력 증강 계속하자 후퇴 결심
羊으로 북 울리는 척 적 속이고 철수

기만하여 은밀히 철수

주위상 전술은 남송(1127~1279)의 장수 필재우가 잘 활용했다고 전해진다. 후주 절도사 조광윤이 세운 송나라는 요나라와 금나라의 침공을 받고 허물어져 갔다. 12세기 초 금나라군이 송나라 수도 개봉을 함락했다. 이때 강남으로 탈출한 휘종의 아홉 번째 아들 조구가 임안(지금의 항주)에서 남송을 세웠다. 처음에는 악비가 금군의 공격을 잘 막아냈으나 진회의 모함으로 처형되고 말았다. 뒤를 이은 필재우는 약해진 군사력으로 금군과 지연전을 펼쳤다.

그는 금나라 군사와 대치 중일 때 금군이 계속 증강되자 철수를 결심했다. 남송의 군대는 야음을 틈타 깃발은 그대로 두고 은밀히 진영을 옮겼다. 동시에 많은 양들의 뒷다리를 묶어 거꾸로 매달고 그 밑에 북을 두었다. 양들은 있는 힘을 다해 앞발을 버둥거리며 북을 두들겼다. 마치 병사들이 북을 치는 것 같은 효과를 냈다. 금군은 이 소리 때문에 송나라 병력의 철수 낌새를 알지 못했다. 며칠이 지난 후 북소리가 멈추자 금군은 속았음을 알았으나 이미 추격하기에는 늦었다.

북한은 서부전선에서 미인계부터 주위상까지 패전계로 대남도발을 반복해 왔다

패전계와 북한도발

지금까지 36계 머나먼 여정에서 6부 패전계를 알아보았다. 패전계 종합전술훈련장은 북한의 대남 도발이 지속적으로 집중됐던 서부전선이다. 31계 미인계(미인으로 현혹)는 남한 내에서 사이버전으로 내부분열을 획책했다. 32계 공성계(성을 비워 궁지에 빠뜨림)는 강력한 대북 심리전 수단이었던 김포반도 애기봉 자유의 불꽃을 잠시 수그러들게 했다.

33계 반간계(적 첩자를 역이용하거나 교란시킴)는 임진강 자유의 다리를 통해 국군포로와 장기 미전향 간첩 상호교환으로 위장 평화 공세를 펼쳤다. 34계 고육계(자기 몸을 희생해서 적을 속임)는 휴전선을 연하여 지상 침투가 제한되자 땅굴을 파서 침투를 노렸다.

35계 연환계(여러 전술을 서로 이음)는 미인계부터 반간계까지 여러 전술을 엮어 다양한 도발을 자행했다. 36계 주위상계(불리한 상황을 일시적으로 모면)는 군사도발 후 판문점에서 대화와 협상을 병행했다. 2017년 노동당 창건 72주년을 조용히 넘긴 북한이 '폭풍 전 고요' 앞에서 어떤 패전계로 반전을 노릴지 대비해야 한다.

부록

1. 16자 · 25자 병법과 이일대로

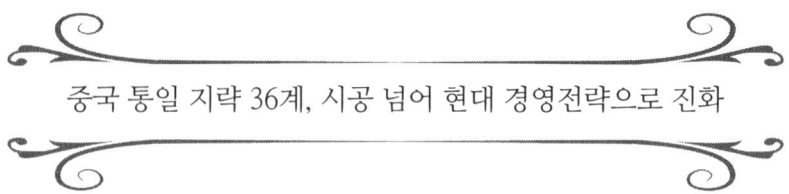

중국 통일 지략 36계, 시공 넘어 현대 경영전략으로 진화

36계는 중국에만 머물지 않고 동해와 태평양을 건넜다. 군사·경제 전략으로 진화하면서 전쟁승리와 기업성공을 가져왔다. 마오쩌둥은 36계 핵심어 16자로 중국을 통일했다. 손정의는 '손의 제곱 병법' 25문자로 소프트 뱅크를 세계적 기업으로 일궜다.

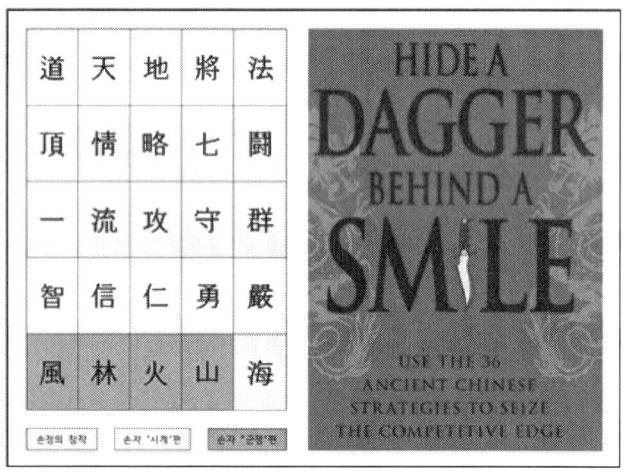

손정의는 25자 경영전략 병법으로(그림 왼쪽),
크리펜도프는 성공한 기업에서 36계 병법을 접목시켰다.(그림 오른쪽)

16자 전법과 이일대로

 지난 10월 시진핑은 분발유위(奮發有爲: 적극적으로 영향력을 행사)를 천명했다. 덩샤오핑 유훈인 도광양회(韜光養晦: 조용히 힘을 키움)에서 중국몽(中國夢: 중화민족 부흥) 알림이었다. 그 시작은 1934년 10월 장정(長征)이었다. 홍군 8만 6천 명은 장제스군 70만 병력과 200대 항공기 공격을 피해 4개 봉쇄선을 뚫고 서쪽으로 달아났다. 그들은 연이은 패배로 지리멸렬했다. 1935년 1월 15일 마오쩌둥은 구이저우 쭌이에서 맹목적 도주가 아닌 전략적 후퇴인 '16자 전법'을 선택했다. "적진아퇴(敵進我退)·적주아교(敵駐我攪)·적피아타(敵避我打)·적퇴아추(敵退我追)였다. 적이 다가오면 물러나고 멈추면 교란하고 피하면 공격하고 물러나면 추격한다."는 뜻이다. 36계 이일대로가 핵심이다.

 그들은 이 전술로 11개 성을 가로질러 9,700km를 행군했다. 만년설로 뒤덮인 5개 설산과 수많은 산을 넘었다. 24개 큰 강과 위험하기 이를 데 없는 습지대를 통과했다. 1935년 10월 22일 북쪽 바오안의 좁다란 산골짜기 우치 진(吳起鎭)에 도착한 홍군은 5천 명 남짓했다. 그들은 16자로 중국 대륙을 통일했고 6·25전쟁에서는 북진하는 국군과 유엔군을 궁지로 몰았다.

마오쩌둥 '16자 전법'으로 대장정 성공
손정의 '손의 제곱병법'으로 대기업 일궈
크리펜도프, 성공 기업 분석 36계 접목

25자 제곱병법과 무중생유

36계는 동해를 건너 일본에서 25자로 진화했다. 소프트뱅크 창업자 손정의는 20대 중반 병상에서 '손의 제곱병법'을 구상했다. 손자의 孫과 손정의의 孫을 곱했다는 의미다. 19살 때 세운 인생 50년 계획의 실천 지침이었다. 그는 『손자병법』14문자와 오다 노부나가·사카모토 료마 등 일본 영웅들 삶에서 얻은 지혜 11문자를 합해 25문자로 압축했다.

25문자 배열 순서는 뜻·비전·전략이다. 시작은 손자병법 시계(始計)편 도천지장법(道天地將法)이다. 뜻을 세워 천시와 지리를 얻은 뒤 우수한 부하를 모으고 지속적 승리 시스템 구축을 뜻한다. 다음은 그가 만든 10문자다. 정정략칠투(頂情略七鬪)는 비전을 갖고 정보를 최대한 모으면서 전략을 궁리한 다음 70% 승산이 보이면 과감하게 싸움을 말한다. 일류공수군(一流攻守群)은 1등에 집중하고 시대 흐름을 빠르게 읽고 행동한다. 그리고 단단한 공격력과 많은 리스크에 대비하는 수비력을 갖춘 뒤 단독보다 집단으로 싸운다는 의미다. 36계 원교근공·공성계 등이 스며들었다.

지신인용엄(智信仁勇嚴)은 개인이 갖춰야 할 덕목이다. 마지막 풍림화산해(風林火山海)는 손자병법 군쟁 4문자와 그가 창작한 해(海)로 마무리된다. 풍림화산은 16세기 일본 전국시대 무장 다케다 신겐 깃발에 적힌 문구로 변화무쌍하게 싸워 이기는 전술이다. 海는 패한 상대를 포용하며 보다 넓은 세계로 나가간다는 의미다. 무에서 유를 창조한 무중생유였다.

Behind Smile과 소리장도

36계는 1995년 태평양을 건넜다. 경영전략가 카이한 크리펜도프는 전술 성격에 따라 9개씩 짝을 지어 4부로 헤쳐 모았다. 그는 10년 동안 상위 100개 기업을 면밀히 분석해 근본적 경쟁 패턴을 찾아냈다. 이 기본 패턴들이 36계와 일치한다는 사실을 찾아냈다. 1부는 욕금고종부터 혼수모어로 세상을 양극성으로 보았다. 서양인은 선을 추구하고 악을 배척할 수 있다고 믿는다. 반면 동양인은 선과 악은 없으며 동전 양면이 함께 있다고 생각한다. 2부는 부저추신부터 가치부전까지 지치지 않고 이기는 방법을 말한다. 서양인은 물러섬을 약함·어려움 극복을 강하게 보는 반면 동양인은 순리에 따르고 최소 노력으로 이길 수 있다고 믿는다.

3부는 차시환혼부터 고육계로 서양인은 과거가 현재를 결정하며 동양인은 영원한 패배나 승리는 없으므로 더 멀리 내다볼 것을 말한다. 4부는 지상매괴부터 연환계까지 간접접근 전술이다. 서양인은 간접 행동은 약함을 드러내므로 직접공격을 최선으로 생각한다. 반면 동양인은 직접 충돌은 최대한 피하면서 간접 수단을 활용한다고 했다.

  승리와 성공은 거저 주어지지 않는다. 전술과 전략 지혜를 발전시키고 실행에 옮기는 의지와 실천력에서 나온다.

2. 백자 전술과 36계 전술 레고

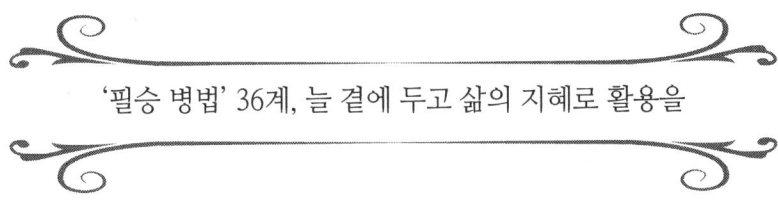

'필승 병법' 36계, 늘 곁에 두고 삶의 지혜로 활용을

중국인들은 지형과 기상·특성에 따른 다양한 전투 양상에 적합한 전술을 고민했다. 『백전기략』과 『병경백자』는 변화무쌍하고 예측불허인 전장 상황에서 적시적절한 병서로 탄생했다. 36계 레고도 현대 전술연구 보조교재로 활용이 가능하다.

레고는 단순한 장난감에서 벗어나 36계 전술을 변화무쌍하게 학습하는 도구로 활용 가능하다

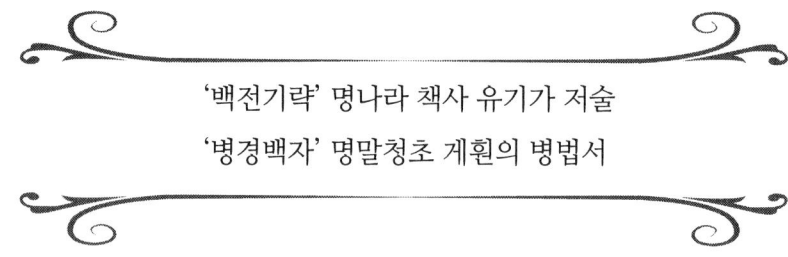

'백전기략' 명나라 책사 유기가 저술
'병경백자' 명말청초 계훤의 병법서

백전기략과 병경백자

　명나라 주원장의 책사 유기(1311~1375)는 『백전기략(百戰奇略)』을 펴냈다. 계모(計謀)전·기정(奇正)전·허실(虛實)전 등 양과 음 2개씩 짝을 지어 100개의 전투 유형을 제시했다. 손자병법에서 절반 이상, 나머지는 무경칠서인 사마법과 이위공문대 등 각종 병서의 명언을 인용했다. 그래서 제갈량의 『장원』, 하수법이 쓴 『투필부담(投筆膚談)』과 함께 무경십서로 꼽기도 한다.

　『병경백자(兵經百字)』는 명말청초에 계훤(1613~1695)이 지은 병법서로 6계 성동격서에서 소개됐다. 그는 전쟁과 관련된 한자 100자를 상·중·하 3권으로 나눠 설명했다. 상권 지부(智部)에서 "전쟁하기에 앞서 미리(先) 해야 할 일은, 오직 적절한 정황(機)과 형세(勢)를 파악하는 것이다.…정보(知)를 운용하고 이간의 방법(間)을 행하며 기밀을 유지하는 것(秘)을 아우르며 사용할 수 있어야 한다"고 했다. 하권 연부(衍部)에는 36계 중 6개 전술이 연계됐다. "적을 상대하는 방법(對)에는 움츠리기(蹙)·소리 이용하기(聲)·기다리기·위장하기(混)·되돌리기(回) 등의 방법이 있다."

여기에서 축(蹙)은 '찌푸리다'라는 뜻인데 형세가 불리할 때 물러나서 피하는 주위상계 전술을 말한다. 천자문을 통해 한 자를 익히듯 병경백자를 물 흐르듯 암송하다 보면 전술 연구의 깨달음이 다가온다.

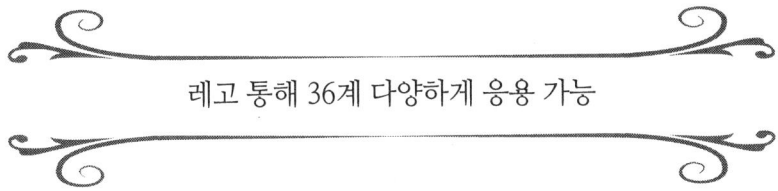

레고 통해 36계 다양하게 응용 가능

주사위 블록 레고로 36계 학습

레고는 1934년 덴마크 목수 크리스티안센이 세운 장난감 회사 이름이다. '잘 논다(leg godt)'란 뜻의 덴마크어를 줄여 레고(Lego)라고 이름 지었다. 레고는 어린이와 청소년 지능 발달에 도움을 주는 놀이 도구다. 이제 36계를 레고를 통해 학습해보자. 36계 각 전술에서 핵심어 36자를 뽑아 표처럼 만들 수 있다. 여기에서 가로·세로와 대각선 등으로 각 단어를 연결하면 6자로 된 26개 전술이 만들어진다.

1계 만천과해에서 만(瞞)은 기만을 뜻하며 가로로는 瞞圍借勞火聲(만위차로화성)으로 연결할 수 있다. 적을 기만하여 포위하고·조공 공격으로 방어부대를 피로하게 만들며·전투력 약화 시 잠시 관망하다가·주의를 전환시킨 후 목표를 달성한다.

다음은 만(瞞)을 기준으로 세로나 대각선 방향으로 6개 전술을 조합하거나 그림처럼 레고를 활용하는 방법도 있겠다.

瞞 기만	圍 포위	借 이용	勞 지연	火 관망	聲 기습
無 창조	暗 우회	觀 기다림	笑 감춤	僵 희생	牽 견제
警 징후	還 복원	離 유인	縱 현혹	引 미끼	王 중심
抽 약화	混 혼란	脫 이탈	關 차단	交 외교전	假 활용
煥 교체	指 유도	癡 차단	梯 배수진	花 과장	主 주도권
美 꾐	空 공성	間 간첩	苦 희생	連 요란	走 회피

36계와 무경십서 마무리

36계 전술 탐구 여정은 길고 험난했다. 각 전술의 유래와 출처를 정확하게 찾고 적용 사례들을 연결하는 어려운 과정이었다. 덤으로 무경십서 핵심 내용도 살펴봤다. 36계가 적용된 72개 전투 사례 외에도 무궁무진하다.

36계는 기업경영전략과 인생 지혜로도 얼마든지 활용 가능하다. 필자는 각 전술의 이해를 도우려고 산과 역사 현장을 찾아다녔다. 그 결과 6계씩을 모아 전술종합훈련장으로 활용했다.

잘 떠오르지 않을 때 남산과 지리산·서부전선 등이 기억을 되살리는 도우미가 될 것이다. 키워드만 알아본 무경십서도 독자들의 전술 연구에 모티브를 제공한다.

전략전술은 머릿속에 머물지 않고 행동으로 활용할 수 있어야 한다. 직면한 상황에서 어떤 전술이 유용하겠는가를 오래 고민하지 않고 바로 적용 가능해야 한다. 막히면 돌아가고 힘이 부족하면 36계 지혜를 빌리는 융통성이 필요하다. 병서는 한 번 본 것으로 끝내지 말고 머리맡에 놓아 두자. 독자들 손안의 스마트폰은 좋은 정보를 빠르게 알려주지만, 지혜를 깨닫기에는 부족하다. 36계는 다양한 전술을 가능한 한 쉽게 알려준다. 전략의 보고이자 지략이 샘솟는 원천이다.

성공한 사람의 7가지 습관 중에서 하루 30분 이상 책을 읽고 자신과 끊임없이 대화하기가 으뜸이다.

참고문헌

김경준, 『내 나이 마흔, 오륜서에서 길을 찾다』 (서울: 원앤원북스, 2012)
김종환, 『책략』 (서울: 신서원, 2000)
계훤·김명환 옮김, 『병경백자』 (서울: 글항아리, 2014)
마이클 매클리어 글, 유경찬 옮김, 『베트남 10000일의 전쟁』 (서울: 을유문화사, 2002)
바실 헨리 리델하트, 주은식 옮김, 『전략론』, 책세상, 2004
박종화 옮김, 『삼국지』4권 (서울: 전통문화연구회, 2014)
백성효, 이난주 옮김, 『위료자직해·이위공문대직해』 (서울: 전통문화연구회, 2014)
신동준 역주, 『무경십서』1권~4권 (서울: 역사의 아침, 2012)
쌍진롱 글, 박주은 옮김, 『마흔 제갈량 지혜』 (서울: 다연, 2011)
온창일 등, 『세계전쟁사』 (서울: 황금알, 2004)
위빙정 글, 정주은 옮김, 『전쟁이야기 속에 숨은 과학을 찾아라』 (서울: 21세기 북스, 2014)
이인식, 『융합하면 미래가 보인다』 (서울: 21세기북스, 2014)
지미 카터, 중앙일보 논설위원실 역, 『카터 회고록』하, (서울: 중앙일보사, 1983)
지미 카터, 박정화 편집, 『마더 릴리언의 위대한 선물』 (서울: 에버리치홀딩스, 2011)
카이한 크리펜도프, 김태훈 옮김, 『36계학』 (서울: 생각정원, 2013)
폴 케네디, 김규태·박리라 옮김, 『제국을 설계한 사람들』 (서울: 21세기 북스, 2015)
한비, 정천구 옮김, 『내서설』하, (서울: 산지니, 2016)
홍운숙·박은교 평역, 『사기열전』2 (서울: 청아출판사, 2016)

유향, 임동석 옮김, 『전국책』권3 (서울: 동서문화사, 2009)

신문으로 배우는 실용한자, 『조선일보』(2017.10.10)

Basil Liddell Hart, Strategy, (London: 2004)

John Prados, The Blood Road (New York: The John Wiley & Sons, Inc., 1998)

Kaihan Krippendorff, Hide A Dagger behind a Smile (New York: Adams Media, 2008)

Lewis Sorley, A Better War (Florida: A Harvest Book, 1999)

오홍국 (吳洪國)

비상대비 연구자, 국제군사사학회 회원, 국제정치학 박사, 작가, 국방부 군사편찬연구소에서 해외파병과 베트남전쟁을 연구했다. 駐인도·파키스탄 정전감시단(UNMOGIP PKO), 駐이라크 자이툰사단, 駐레바논 동명부대에서 임무를 수행했다. 경기대·홍익대, Mkiss(국방부 장병 자기계발 콘텐츠) 등에서 전쟁과 전략 등에 관한 강의를 담당했다. 주요 논문 및 저서는 「레바논 동명부대 민사작전 분석」(2009), 「한국군의 베트남전쟁시 연합 및 합동작전」(2013), 『카슈미르와 아르빌의 겨울은 따뜻했다』(2008), 『지구촌에 남긴 평화의 발자국』(2012), 『베트남 전쟁과 한국군』(2014), 『손자와 클라우제비츠에게 길을 묻다』(2015) 등이 있다. 위기·재난 안전·안보 관련 저술과 강의 등 활발한 활동을 하고 있다.

트로이 목마 36

초판인쇄 2018년 03월 10일
초판발행 2018년 03월 14일
저　　자 오 홍 국
일러스트 강 지 인
발 행 인 권 호 순
발 행 처 시간의물레
등　　록 2004년 6월 5일
등록번호 제1-3148호
주　　소 서울시 마포구 마포대로 4다길 3(1층)
전　　화 02-3273-3867
팩　　스 02-3273-3868
전자우편 timeofr@naver.com
블 로 그 http://blog.naver.com/mulretime
홈페이지 http://www.mulretime.com
I S B N 978-89-6511-213-6 (03390)
정　　가 12,000원

* 이 책의 저작권은 저자에게 출판권은 시간의물레에 있습니다.
* 잘못된 책은 바꿔드립니다.

이 도서의 국립중앙도서관 출판예정도서목록(CIP)은 서지정보유통지원시스템 홈페이지(http://seoji.nl.go.kr)와 국가자료공동목록시스템(http://www.nl.go.kr/kolisnet)에서 이용하실 수 있습니다. (CIP제어번호: CIP2018003636)